Findbuch der Bestände Abt. 18 und Abt. 19
Generalsuperintendent für Schleswig und
Generalsuperintendent für Holstein

von Jörg Rathjen

Veröffentlichungen des Landesarchivs Schleswig-Holstein
Band 106

Findbuch der Bestände Abt. 18 und Abt. 19

Generalsuperintendent für Schleswig

und

Generalsuperintendent für Holstein

von

Jörg Rathjen

Hamburg University Press
Verlag der Staats- und Universitätsbibliothek Hamburg
Carl von Ossietzky

Impressum

Bibliografische Information der Deutschen Nationalbibliothek:

Die Deutsche Nationalbibliothek verzeichnet diese Publikation in der Deutschen Nationalbibliografie; detaillierte bibliografische Daten sind im Internet über http://dnb.d-nb.de abrufbar.

Die Online-Version dieser Publikation ist auf der Verlagswebseite frei verfügbar *(open access)*. Die Deutsche Nationalbibliothek hat die Netzpublikation archiviert. Diese ist dauerhaft auf dem Archivserver der Deutschen Nationalbibliothek verfügbar.

Open access über die folgenden Webseiten:
Archivserver der Deutschen Nationalbibliothek – http://dnb.d-nb.de
Hamburg University Press – http://hup.sub.uni-hamburg.de
PURL: http://hup.sub.uni-hamburg.de/purl/HamburgUP_LASH106_Findbuch18_19
URN: http://nbn-resolving.de/urn/resolver.pl?urn:nbn:de:gbv:18-3-1480

ISBN 978-3-943423-14-3
ISSN 1864-9912

Redaktion: Veronika Eisermann, Rainer Hering, Sven Schoen, Elke Strang

Produktion: Elbe-Werkstätten GmbH, Hamburg, Deutschland
http://www.elbe-werkstaetten.de/

Gestaltung von Schutzumschlag und Buchdecke: Atelier Bokelmann, Schleswig

INHALTSVERZEICHNIS

VORBEMERKUNG

Behördengeschichte

Der Generalsuperintendent übte die Oberaufsicht über das Kirchen-, Schul- und Armenwesen aus. Zu seinen Haupttätigkeiten zählte die Durchführung der Generalkirchenvisitationen, die in einem bestimmten zeitlichen Turnus stattfanden. Er examinierte und beaufsichtigte die Geistlichen. Des Weiteren verfasste er Gutachten und Bedenken für die Regierung. Der Generalsuperintendent besaß Sitz und Stimme im Oberkonsistorium sowie im für die adligen und klösterlichen Gebiete zuständigen Landoberkonsistorium. Dem Generalsuperintendenten untergeordnet waren die Kirchenvisitatorien in den Propsteien mit den Konsistorien.

Als mit der Reformation die bischöfliche Gewalt auf die Landesherren überging, ernannten diese oberste Kirchenbeamte, die im fürstlichen Auftrag das Kirchenregiment ausübten. In den gottorfischen Gebieten existierte bereits frühzeitig mit dem Generalpropst eine zentrale Oberaufsicht in geistlichen Angelegenheiten, für die seit 1636 die bis dahin nur gelegentlich benutzte Bezeichnung Generalsuperintendent verwendet wurde. Im Haderslebener Anteil, der bis 1581 bestand, gab es ebenfalls einen Generalpropst. Hingegen fehlte für die königlichen Besitzungen eine solche Institution. Stattdessen beaufsichtigten dort lange Zeit die einzelnen Pröpste in den Ämtern das Kirchenwesen. Erst 1636 richtete der dänische König eine Generalsuperintendentur ein. In den adligen und klösterlichen Gebieten, die der Gemeinsamen Regierung unterstanden, nahm fortan der Generalsuperintendent des jeweiligen regierenden Landesherrn die Aufsicht über die dortigen Kirchen wahr.

Die königlichen und gottorfischen Generalsuperintendenten waren jeweils für die Anteile ihrer Landesherren in beiden Herzogtümern zuständig. Eine erste Änderung erfolgte auf königlicher Seite im Jahr 1668, als je ein Generalsuperintendent für Schleswig und Holstein eingesetzt wurde; diese Trennung bestand jedoch nur bis 1673. Kurzzeitig unterstand das Herzogtum Schleswig dem königlichen Generalsuperintendenten während der königlich-gottorfischen Auseinandersetzung von 1684 bis 1689. Schließlich führte die Vereinigung der königlichen und gottorfischen Distrikte in Schleswig im Jahr 1720 dazu, dass sich der Aufsichtsbereich des königlichen Generalsuperintendenten endgültig über das ganze Herzogtum erstreckte.

Im Herzogtum Holstein erweiterte sich die räumliche Zuständigkeit des königlichen Generalsuperintendenten im Laufe des 17. und 18. Jahrhunderts durch den Übergang der Herrschaft Pinneberg, der Grafschaft Rantzau und des Herzogtums Plön in den Herrschaftsbereich des dänischen Königs. Nach der Abtretung der großfürstlich-gottorfischen Gebiete 1773 und der übergangsweisen Verwaltung der gottorfischen Generalsuperintendentur war ab 1784 schließlich das gesamte Herzogtum Holstein unter dem königlichen Generalsuperintendenten vereint.

Die Größe des Sprengels ließ es sinnvoll erscheinen, jeweils einen eigenen Generalsuperintendenten für die Herzogtümer einzusetzen. Nachdem bereits für eine kurze Zeit von 1791 bis 1806 zwei Generalsuperintendenten amtiert hatten, wurde das Amt

1834 endgültig in einen Zuständigkeitsbereich für Schleswig und einen für Holstein getrennt.

Zu Beginn der schleswig-holsteinischen Erhebung 1848 teilte die Provisorische Regierung die Generalsuperintendentur für Schleswig in zwei Superintendenturen („Interimistische Verwalter der Generalsuperintendentur") auf, die jeweils für den deutsch- und dänischsprachigen Teil des Herzogtums zuständig waren. Die dänische Regierung hob 1854 diese Teilung wieder auf. Gleichzeitig kam es zu einem Wechsel in der Amtsbezeichnung: Die Generalsuperintendenten für Schleswig und Holstein trugen nun den Titel „Bischof", ohne dass sich deswegen der Tätigkeitsbereich änderte. Der Bischofstitel blieb freilich nur ein kurzes Intermezzo. Nach dem deutsch-dänischen Krieg 1864 griff die neue preußische Regierung wieder auf die alte Bezeichnung Generalsuperintendent zurück.

Mit der Einführung der schleswig-holsteinischen Kirchenverfassung von 1922 wurde das Amt eines Generalsuperintendenten abgeschafft und durch den Landesbischof ersetzt. Eine Übersicht zu den Generalsuperintendenten befindet sich auf den Seiten 139 und 140 dieses Findbuches.

Bestandsgeschichte

Die grundlegende Ordnung des Archivs der Generalsuperintendentur für Schleswig geht auf den Generalsuperintendenten Jacob Georg Christian Adler (1792-1834) zurück. Bei Übernahme des Archivs 1793 verzeichnete er die Akten und Schriftstücke seiner Vorgänger in einem Repertorium (Abt. 18 Nr. 570), wobei er sich an das Registraturschema der Deutschen Kanzlei anlehnte. Die Schriftstücke aus seiner Amtszeit und einiges ältere Schriftgut führte Adler als gesonderte Registratur und legte hierfür auch ein eigenes Repertorium an (Abt. 18 Nr. 564). Gelegentlich sortierte er bereits erledigte Angelegenheiten aus diesem „Handarchiv" in das Hauptarchiv um. Dessen Repertorium führte Adlers Nachfolger im Amt, Generalsuperintendent Christian Friedrich Callisen (1834-1840), fort.

Als 1848 die schleswigsche Generalsuperintendentur geteilt wurde, ging der größte Teil des Archivs offenbar an den Superintendenten für den deutschsprachigen Teil Nicolaus Johann Ernst Nielsen. Bei seiner Vertreibung 1850 nahm Nielsen das Archiv mit nach Kiel. 1852 wurde es von dort schließlich wieder an den neu eingesetzten schleswigschen Generalsuperintendenten Christoph Karl Julius Asschenfeldt ausgeliefert.

Auf Betreiben Asschenfeldts wurde der in Unordnung geratene Bestand in den folgenden Jahren neu geordnet. Weitere Arbeiten erfolgten durch Bischof Ulrich Sechmann Boesen (1854-1864). Er vereinigte die Akten des Superintendenten für den dänischsprachigen Teil des Herzogtums Schleswig mit dem Hauptbestand, während er das Schriftgut des Superintendenten für den deutschsprachigen Teil nicht mit einbezog. Für seinen eigenen Schriftverkehr legte Boese einen vom Schema Adlers abweichenden Registraturplan an, der aber nicht mehr überliefert ist. Unter

Bischof Boese firmierte das Archiv des schleswigschen Generalsuperintendenten angesichts der neuen Amtsbezeichnung unter dem Namen „Bispearkiv“ (Bischofsarchiv).

Nach dem Einmarsch preußischer und österreichischer Truppen in das Herzogtum Schleswig übergab der abgesetzte Bischof Boese im März 1864 das gesamte Archiv auf Anweisung der preußisch-österreichischen Obersten Zivilbehörde dem Pastor Otto Nicolaus Henning Peters in Flensburg.

In das Staatsarchiv in Schleswig bzw. ab 1923 in Kiel gelangten die Akten der schleswigschen Generalsuperintendentur überwiegend in drei umfangreichen Ablieferungen. Die erste erfolgte 1872 durch den Generalsuperintendenten Bertel Petersen Godt. Sie umfasste hauptsächlich die von den Generalsuperintendenten Adler und Callisen in das Repertorium eingetragenen Schriftstücke. Aus diesem Zugang bildete der damalige Staatsarchivdirektor Georg Hille den Bestand A VI (ab 1923 Abt. 18), für den er ein neues Verzeichnis anlegen ließ (Abt. 18 Nr. 565). Da Hille diese Lösung jedoch als wenig geglückt ansah, griff er ab 1898 wieder auf das Adlersche Originalrepertorium zurück, das seitdem als Findmittel diente. Zu diesem „Grundstock“ kamen dann noch Akten aus dem Archiv des ehemaligen Bistums Alsen-Ärö, die der Pastor in Eken auf Alsen im Dezember 1893 an das Staatsarchiv ablieferte. Des Weiteren erhielt das Staatsarchiv 1924 vom Konsistorium Schriftgut der Generalsuperintendentur in einem Umfang von 90 Fach, das vorwiegend die Zeit von 1848 bis 1864 betraf, sowie eine größere Zahl an älteren Schriftstücken. Bei dieser Ablieferung befanden sich vor allem die Generalkirchenvisitationsberichte, die Kirchenarchivverzeichnisse und Kircheninventare. Weitere kleinere Zugänge erfolgten dann noch bis 1982.

Eine Bestandsminderung brachte das deutsch-dänische Archivalienabkommen von 1933. Im Rahmen der Vereinbarung trat das Staatsarchiv die nordschleswigschen Gebiete betreffenden Akten und Schriftstücke des Generalsuperintendenten und des Bischofs von Schleswig an Kopenhagen ab. Ebenso gingen nun die Archivalien des Bistums Alsen-Ärö an das dänische Reichsarchiv über (vgl. Landsarkivet for de sønderjydske Landsdele. En Oversigt. Kopenhagen 1944 (Vejledende Arkivregistraturer VI), 95).

Die Systematik der Abt. 18, wie sie dem vorliegenden Findbuch zugrunde liegt, ist das Ergebnis einer größeren Ordnungsarbeit aus dem Jahr 1932. Dabei wurden die noch bestehenden Reste der Registratur des Generalsuperintendenten Adler (Abt. 18 Nr. 519-559) in den Bestand als eigene Gruppe eingeordnet. Dasselbe geschah mit dem bislang gesondert aufgestellten Archiv des Bischofs von Schleswig und der Superintendenten, für das 1926 ein eigenes Verzeichnis angelegt worden war (Abt. 18 Nr. 566). Diese Archivalien wurden nun auf die einzelnen Sachgruppen des Bestandes verteilt. Außerdem führte man die bisher zerstreut liegenden Personalangelegenheiten der Geistlichen sowie der Küster und Schullehrer als eigene Gruppen zusammen.

Eine erste Ordnung des Archivs der holsteinischen Generalsuperintendentur geht ebenfalls auf den Generalsuperintendenten Jacob Georg Christian Adler zurück. Als er im Jahr 1808 das Archiv übernahm, legte er für die Akten und Schriftstücke seiner Vorgänger einen Registranten an, den er bis zum Ende seiner Amtszeit 1834 fortführte.

Zu Beginn des 20. Jahrhunderts ordnete Pastor Friedrich Witt in Preetz das bis 1868 reichende ältere Generalsuperintendenturarchiv grundlegend neu. Der Geistliche orientierte sich bei seiner Arbeit nicht am Adlerschen Registranten, sondern entwarf eine neue Systematik, die sich als Veröffentlichung in den Schriften des Vereins für Schleswig-Holsteinische Kirchengeschichte findet (vgl. Literaturhinweise).

In das damalige Staatsarchiv in Kiel kamen die Akten der holsteinischen Generalsuperintendentur hauptsächlich in zwei größeren Ablieferungen. Das Staatsarchiv übernahm 1923 vom Landeskirchenamt Archivalien der Generalsuperintendentur in einem Umfang von 97 Fach. Zu einer weiteren größeren Abgabe kam es 1924, als das Konsistorium 47 Fach vorwiegend älterer ungeordneter Schriftstücke ablieferte, die Pastor Witt bei seiner Verzeichnungsarbeit nicht berücksichtigt hatte. Im Staatsarchiv wurden diese Abgaben als Abt. 19 auf Grundlage des Ordnungsschemas Pastor Witts aufgestellt und ein entsprechendes Findmittel nach dem Wittschen Verzeichnis angelegt. Das Landeskirchenamt übergab 1928 schließlich noch einige Archivalien der holsteinischen Generalsuperintendentur aus dem Nachlass des Pastors Witt; darunter befand sich auch der vom Generalsuperintendenten Adler angelegte Registrant. Weitere kleinere Bestandszuwächse erfolgten noch bis 1979.

Da größere Ordnungsarbeiten am Bestand seit der Übernahme in das Staatsarchiv unterblieben waren, existierte bislang auch kein einheitliches Findmittel: Für die Hauptmasse der in Abt. 19 verwahrten Archivalien lag das erwähnte Findbuch vor, das nach der Verzeichnung Pastor Witts erstellt worden war. Die seit 1924 in das Staats- bzw. Landesarchiv gelangten Akten und Schriftstücke, vorwiegend aus dem 17. und 18. Jahrhundert, waren hingegen im Adlerschen Registranten erschlossen.

Für eine zielgerichtete und rasche Recherche war der bisherige Erschließungszustand beider Bestände wenig befriedigend. So war in Abt. 18 das vom Generalsuperintendenten Adler angelegte Findmittel im Laufe der Zeit durch zahlreiche nachträgliche Einfügungen und Streichungen unübersichtlich geworden. In Abt. 19 wurde der Zugang zum Inhalt des Bestandes wesentlich dadurch erschwert, dass zwei Findmittel mit unterschiedlicher Systematik vorlagen.

Um die Benutzbarkeit der Bestände zu verbessern, erfolgte 2011 eine Neuverzeichnung.

Für die Ordnung des Bestandes Abt. 18 wurde das bewährte Ordnungsschema des bisherigen Findmittels weitgehend beibehalten. Bei Abt. 19 diente das 1924 erstellte Verzeichnis mit einigen kleineren Änderungen als Grundlage. Um für diesen Bestand ein einheitliches Findbuch zu schaffen, wurden nun diejenigen Archivalien, die bislang im Adlerschen Repertorium zu finden waren (rund 150 Nummern), in entsprechende Klassifikationsgruppen des Verzeichnisses eingeordnet.

Sowohl bei Abt. 18 als auch bei Abt. 19 fand eine Überprüfung von Titel und Laufzeit sämtlicher Archivalien statt. Umfangreiche und schwer verständliche Aktentitel wurden durch kürzere und modernere ersetzt. In anderen Fällen schien es sinnvoll, ältere, heute nicht mehr gebräuchliche Bezeichnungen beizubehalten, sofern sie gängige Suchbegriffe darstellen. Des Weiteren wurden, sofern es sich inhaltlich anbot, umfangreiche Akten geteilt und neue Nummern angelegt. Eine weitere wesentliche Neuerung, die sich aus der Verzeichnungsmaßnahme ergibt, betrifft die Signaturen. Anstelle der alten erhielten die Archivalien eine neue Nummerierung. Eine Konkordanz am Ende des Findbuchs gibt darüber Aufschluss, unter welchen neuen Signaturen die alten Nummern zu finden sind.

Ein Orts-, Sach- und Personenregister bildet den Abschluss dieses Findbuchs. Klassifikationsbegriffe wurden in der Regel nicht aufgenommen. Für die Suche nach einem Thema oder einem Sachbegriff sollte zuerst die sachsystematische Gliederung benutzt werden und als Ergänzung das Register. Es ist dabei zu beachten, dass die Begriffe für das Register aus den Aktentiteln stammen, also nicht etwa alle Nennungen in den Akten selbst erfassen. Bei der Recherche in Abt. 18 ist zudem zu berücksichtigen, dass Orte, deren Propsteizugehörigkeit gewechselt hat, unter verschiedenen Rubriken zu finden sind. Dies betrifft insbesondere die Orte in den bis 1853 exemten Kirchspielen. Bis zu diesem Jahr bilden diese Distrikte eine eigene Gruppe. Die Überlieferung der nachfolgenden Zeit findet sich bei den Propsteien, denen sie zugeschlagen worden waren.

Für die Recherche sei noch auf folgenden wichtigen Umstand hingewiesen: Bei der Einrichtung jeweils eigener Generalsuperintendenturen für Schleswig und Holstein wurde die strikte Trennung der Akten entsprechend der neuen Zuständigkeitsbereiche nicht immer durchgehalten. Dies hat zur Folge, dass in den Beständen auch immer Archivalien zu geistlichen Angelegenheiten des jeweiligen anderen Territoriums zu finden sind.

Wichtige Überlieferungen zu den Tätigkeiten der Generalsuperintendenten befinden sich in den Beständen der Regierungskanzlei in Glückstadt (Ab. 11) und des Obergerichtes auf Gottorf (Abt. 13), die beide auch als Oberkonsistorium fungierten. Hier finden sich u. a. eine Reihe von General- und Spezialkirchenvisitationsberichte bis 1834.

Weitere Archivalien zu den Generalsuperintendenten finden sich zudem in folgenden Beständen des Landesarchivs Schleswig-Holstein:
Abt. 65, Deutsche Kanzlei zu Kopenhagen.
Abt. 79, Ministerium für das Herzogtum Schleswig.
Abt. 80, Ministerium für die Herzogtümer Holstein und Lauenburg.

Darüber hinaus verwahrt das Nordelbische Kirchenarchiv in Kiel einzelne Akten des Generalsuperintendenten für Schleswig aus dem 18. und 19. Jahrhundert. Lokalakten zu Nordschleswig befinden sich im Landesarchiv Apenrade.

Die Akten des Generalsuperintendenten aus dem Zeitraum des ausgehenden 19. Jahrhunderts bis 1922 verwahrte das Landeskirchenarchiv. Dort sind sie allerdings während des Zweiten Weltkrieges verbrannt. Eine zumindest grundlegende Übersicht über den verloren gegangenen Bestand zum Landesteil Schleswig lässt sich einem Verzeichnis im Adlerschen Repertorium (Abt. 18 Nr. 570) entnehmen.

Der Bestand Abt. 18 umfasst 30 laufende Meter Archivalien von 1598 bis 1884.

Der Bestand Abt. 19 umfasst 45 laufende Meter Archivalien von 1561 bis 1897.

Die alten Findmittel und Repertorien befinden sich am Ende des jeweiligen Bestandes.

Literaturhinweise

Carsten Erich Carstens: Die Generalsuperintendenten der evangelisch-lutherischen Kirche in Schleswig-Holstein. Von der Reformation bis auf die Gegenwart. In: Zeitschrift der Gesellschaft für Schleswig-Holsteinische Geschichte 19 (1889), 1-111.
Schriften des Vereins für Schleswig-Holsteinische Kirchengeschichte 2. Reihe 4. Band Heft 1. (1906), 79-108.
Friedrich Volbehr: Die Geistlichkeit der holsteinischen Generalsuperintendentur von 1848-1871. In: Zeitschrift der Gesellschaft für Schleswig-Holsteinische Geschichte 2 (1872), 220-291.
Kersten Krüger: Schleswig-Holstein. In: Deutsche Verwaltungsgeschichte. Bd. 1: Vom Spätmittelalter bis zum Ende des Reiches. Hrsg. von Kurt G. A. Jeserich u. a. Stuttgart 1983, 763-782.
Schleswig-Holsteinische Kirchengeschichte Bd. 4: Orthodoxie und Pietismus (Schriften des Vereins für Schleswig-Holsteinische Kirchengeschichte Reihe 1 Bd. 29). Neumünster 1984.
Schleswig-Holsteinische Kirchengeschichte Bd. 5: Kirche im Umbruch (Schriften des Vereins für Schleswig-Holsteinische Kirchengeschichte Reihe 1 Bd. 30). Neumünster 1989.

Benutzungshinweise

Zitierweise der Akten: Sigle des Landesarchivs, Abteilungsbezeichnung und laufende Nummer der Akte, also zum Beispiel LASH Abt. 18 Nr. 69 bzw. LASH Abt. 19 Nr. 96.

Schleswig, im April 2014 Jörg Rathjen

FINDBUCH DES BESTANDES ABT. 18

Generalsuperintendent für Schleswig

KIRCHE

Allgemeines

1 Episkopalrecht 1623-1738, 1776, 1822

Enthält u. a.: Sammlung gottorfischer Kirchenkonstitutionen 1556 bis 1731 von Etatsrat Reinboth; Anordnungen zu Generalkirchenvisitationen; Indigenatsrecht

2 Generalsuperintendent: Vorrechte und Pflichten, Verordnungen und allgemeiner Schriftwechsel 1637-1785

Enthält u. a.: Visitationsrecht des Generalsuperintendenten in Husum, 1721-1756; Befreiung der Domkirche und Domschule in Schleswig von der Generalkirchenvisitation, 1724-1739; Verordnungen und Briefe des Generalsuperintendenten Jeremias Friedrich Reuss, 1754-1756; Aufhebung des Abzugsgeldes, 1776-1784; Kirchenvisitationsgebühren; Instruktionen

3 Abschriftsammlung der ausgehenden Briefe des Generalsuperintendenten Adam Struensee hinsichtlich der Propsteien im Herzogtum Schleswig 1760-1780

4 Generalsuperintendent: Vorrechte und Pflichten, Verordnungen und allgemeiner Schriftwechsel (1747-) 1786-1848

Enthält u. a.: Bestallungen des Generalsuperintendenten Jacob Georg Christian Adler, 1796, 1798; Gotthard-und-Anna-Hansen-Stiftung in Flensburg, 1803; Teilnahme des Generalsuperintendenten Adler beim Krönungs- und Salbungsfest König Friedrichs VI. von Dänemark, 1814-1815; Revision der Rechnungen der Günderothschen Stiftung in Apenrade, 1813; Bedenken zur Einführung der Presbyterial- und Synodalverfassung, 1837; Abschiedsschreiben des Generalsuperintendenten Christian Friedrich Callisen, 1848; Anordnungen zur Kirchenvisitation

Darin: Druckschriften zum Krönungs- und Salbungsfest, 1815

5 Generalsuperintendent: Vorrechte und Pflichten, Verordnungen und allgemeiner Schriftwechsel 1848-1868

Enthält u. a.: Entwurf einer neuen Kirchenverfassung, 1848-1849; kirchliche Anordnungen während des Krieges, 1848-1850; Schreiben an Superintendent Nicolaus Johann Ernst Nielsen, 1848-1850; Ansprache des Superintendenten an die Landeskirche, 1849; Leitung der kirchlichen Angelegenheiten in

Törninglehn, 1849; Konzepte und Kopien der ausgehenden Schreiben des Superintendenten Jep Hansen, 1850-1853; Pastoralberichte; Verfügungen
Darin: „Kirchen- und Schulblatt für die Herzogthümer Schleswig, Holstein und Lauenburg“ vom 7. Februar 1849

6 Archiv des Generalsuperintendenten 1847-1873

7 Kirchenvisitation und Spezialkirchenvisitation 1674, 1773-1870
Enthält u. a.: Visitationsbemerkungen des Superintendenten Nicolaus Johann Ernst Nielsen, 1846-1850; Visitation der Schullehrerseminare und Gymnasien, 1867; Vorbereitung der Generalvisitation, 1868-1870

8 Präsentation, Wahl und Ordination der Prediger 1670-1864

9 Introduktion der Prediger 1728-1751, 1800

10 Prediger: Rechte und Pflichten, Einkünfte, Mitwirkung im Staatsdienst, Pastorenvereine und Bibliotheken (1540-) 1646-1866
Darin: Fundamentalgesetze des geistlichen Konvents in der Propstei Hadersleben, 1825; Verzeichnis der Schriften in der Konventsbibliothek in Hadersleben, 1828; Statuten des literarischen Vereins für die Prediger der Propstei Flensburg, 1828; Verzeichnisse der Schriften der Predigerbibliothek in Flensburg, 1828; gedruckte Verordnungen

11 Befreiung der Prediger von der Einlösung der Pfarrgebäude
1799-1827

12 Predigerwitwen 1640-1642, 1754-1846
Enthält u. a.: Verzeichnisse von Predigervakanzen, 1834-1835
Darin: gedruckte Verordnungen zur Predigerwitwenkasse; Plan einer allgemeinen Versorgungsanstalt in Kopenhagen, 1796; Plan der Leibrenten- und Versorgungsanstalt in Kopenhagen, 1842; Plan der Lebensversicherungsanstalt in Kopenhagen, 1842

13 Studiengang und Tentamen 1655, 1675, 1736-1871
Enthält u. a.: Rechte und Pflichten der Kandidaten der Theologie, 1834-1847
Darin: gedruckte Verordnungen

14 Prüfung der Kandidaten der Theologie 1777-1866
Darin: gedruckte Verordnungen

15 Stipendien (1641-) 1747-1861

16 Küster 1779-1795
Enthält: Totengräber und Glockenläuter; Reden bei Hochzeiten und Beerdigungen; Bestallungen von Küstern im Amt Tondern und Amt Bredstedt durch den Kirchenpropst

Kultus

17 Kirchen- und Schulsprache 1850-1859
Enthält: nordschleswigsche Städte; gemischte Distrikte; dänische Vordrucke für Adventslisten; dänische Sprachkenntnisse der Schullehrer in gemischten Distrikten

18 Kirchenordnung, Kirchenagende, Gesangbuch, Bibelausgaben, Bibelgesellschaft, Sonntagsordnung 1598-1868
Enthält u. a.: Berichte über Bibelverbreitung, 1854-1858

19 Schleswig-Holsteinische Kirchenagende 1792-1835
Enthält u. a.: Berichte der Prediger über die Einführung der Kirchenagende, 1798-1800

20 Andachten bei Freuden- oder Trauerfällen des Landes und des Königshauses 1634-1863
Darin: deutsche und dänische Andachtstexte zum Brand des Schlosses Christiansborg, 1794; Texte zu Predigten und zur Kirchenmusik zum Neujahrstag 1801; Texte zur Reformationsfeier 1817; tausendjähriges Jubiläum der Einführung des Christentums, 1826;

21 Kirchengebete, Fürbitten und Danksagungen 1711-1868
Darin: Trauerrede und Totenfeier in der Garnisonskirche in Rendsburg anlässlich des Todes König Christians VII. von Dänemark, 1808; Entwurf eines Kirchengebets für den ersten Sonntag nach Ausbruch des Krieges, 1849

22 Abschaffung des Absingens der Evangelien, Episteln und lateinischen Kollekten 1745-1746, 1772

23 Altaropfer 1773-1779

24 Ordentliche Kirchenkollekten [vor 1709], 1757-1868
Enthält u. a.: Verzeichnis der Kirchenkollektengelder im Herzogtum Schleswig, 1825-1850; Pflegehaus Kopenhagen, 1850-1863; Missionskollekte, 1866-1868

25 Außerordentliche Kirchenkollekten 1722-1860
Enthält u. a.: Gustav-Adolf-Verein, 1844-1867; Soldatenkinder, 1850-1852

26 Bekanntmachungen von der Kanzel und Klingelbeutel 1685-1687, 1721-1851

27 Taufe 1767-1863

28 Konfirmation (1672-) 1765-1862
Darin: gedruckte Verordnungen zur Konfirmation der Katechumenen, 1820; gedruckte Verfügung wegen der Vakzinationsatteste, 1830

29 Dispens vom Konfirmationsalter 1852-1862

30 Beichte und Abendmahl (1612-) 1737-1850
Enthält u. a.: Gutachten des Generalsuperintendenten Georg Johannes Conradi über Beichte und Absolution, 1737

31 Kirchenbuße 1641-1767

32 Kirchenzucht und Sittlichkeit 1814-1860
Enthält: Hebung der Religiosität, 1814; pfarramtliche Zeugnisverteilung an Dienstboten, 1847; Kampf gegen das Branntweintrinken, 1847; religiöse Versammlungen, 1847; Missionsschriften, 1852; Bibelstunden, 1860
Darin: „Enthaltsamkeits-Katechismus“ des K. R. Andresen, übersetzt von Pastor G. F. C. Volquarts, Lunden

33 Verlobung, Aufgebot und Heirat 1638-1866

34 Eheangelegenheiten 1817-1868
Enthält u. a.: Ehedispense; Scheidungen

35 Beerdigung und Friedhofsregulative 1687, 1763-1861
Darin: Friedhofsregulativ in Tönning, 1829; Friedhofsregulativ der Domgemeinde in Schleswig, 1845; Friedhofsregulativ in Friedrichstadt, 1847; Friedhofsregulativ in Oldenburg, 1847

36 Gottesdienstliche Handlungen der Militärpersonen, Landausschuss, Feldprediger und Anstaltsgeistliche 1674, 1731-1850
Darin: Landmilitär- und Remonteordnung, 1800; gedruckte Verordnungen zum Landausschuss, 1800-1802

Kircheneigentum

37 Kirchengebäude 1630-1642, 1738-1849
Darin: gedruckte Verordnungen zu Kirchenbauten

38 Instruktionen für Kirchenoffiziale 1769-1824

39 Kirchenarchive, Kircheninventare, Kirchenprotokolle, Kirchenbücher, Personenregister und Statistiken 1762-1861

40 Rechtsstreitigkeiten wegen Forderungen an die Gottorfer Herzöge sowie über die Glücksburger, Augustenburger und Reventlower Kirchen 1722-1789

41 Brandversicherungsgesellschaft der Landkirchen 1767-1775

Fremde Religionsverwandte

42 Fremde Religionsverwandte: allgemeine Bestimmungen, Katholiken, Reformierte und Remonstranten 1609, 1635, 1729-1866

Enthält u. a.: Berleburger Bibel, 1729

Darin: gedruckte Briefe des Bischofs von Auxerre an den Bischof von Montpellier, 1742; Druckschrift zu Streitigkeiten der katholischen Hauptpartizipanten auf Nordstrand, 1742

43 Fremde Religionsverwandte: Mennoniten, Herrnhuter, Juden, Separatisten, Baptisten und Methodisten 1623-1868

Generalkirchenvisitation

569 Visitationseinnahmen und Visitationstage des Generalsuperintendenten Hinrich Muhlius 1707-1710

Enthält auch: Visitationstage im Herzogtum Holstein

44 Ausschreibung der Generalvisitationstage 1760-1830

45 Ausschreibung der Generalkirchenvisitationstage 1831-1850, Visitationsjournale und Berichte des Generalsuperintendenten 1740-1850

Enthält auch: Konzepte der Generalvisitationsberichte der Propstei Hadersleben für 1740, 1743, 1746, 1750, 1762, 1765, 1768, 1771, 1774, 1777, 1780, 1783, 1789

46 Generalkirchenvisitation: Propstei Hadersleben (1736-) 1740-1789

Enthält auch: Akten zum Bericht zur Generalvisitation in den Propsteien Sonderburg, Hadersleben, Apenrade sowie in Klipleff und Quars, 1740-1742

47 Generalkirchenvisitation: Propsteien Hadersleben und Tondern (1790-) 1793

48 Generalkirchenvisitation: Propstei Tondern (1739-) 1741-1789

49 Generalkirchenvisitation: Propstei Tondern 1796-1832

50 Generalkirchenvisitation: Berichte der Prediger und Schullehrer aus der Propstei Tondern 1836, 1838, 1841

51 Generalkirchenvisitation: Berichte der Prediger und Schullehrer aus der Propstei Tondern (1843) 1844, 1847, 1863
Enthält u. a.: Schule in Marienkoog, 1863
Darin: Regulativ für die Armenanstalt in Abild, 1843

52 Generalkirchenvisitation: Propstei Tondern (1847-) 1855-1861
Darin: gedruckte Übersichten zur Verwaltung des Armenwesens in der Stadt Tondern, 1847-1853

53 Generalkirchenvisitation: Protokoll der Propsteien Tondern und Lügumkloster sowie Ankündigung der Generalkirchen- und Schulvisitation 1869-1884

56 Generalkirchenvisitation: Propstei Tondern-Lügumkloster 1869-1870
Enthält: Visitation 1869

54 Generalkirchenvisitation: Propsteien Tondern-Lügumkloster und Loh-Mögeltondern 1870-1873
Enthält: Visitationen 1870 bis 1872

55 Generalkirchenvisitation: Propstei Tondern-Lügumkloster 1875-1876
Enthält: Visitation 1875

57 Generalkirchenvisitation: Berichte aus der Propstei Tondern 1877-1884

58 Generalkirchenvisitation: Propsteien Apenrade und Lügumkloster 1743-1789

59 Generalkirchenvisitation: Propstei Sonderburg sowie adlige Kirchen Klipleff, Quars und Düppel 1743-1833

60 Generalkirchenvisitation: Propstei Flensburg 1740-1768

61 Generalkirchenvisitation: Propsteien Flensburg und Bredstedt 1770-1791

62 Generalkirchenvisitation: Propstei Flensburg 1794-1833

63 Generalkirchenvisitation: Propstei Flensburg 1836-1860

64 Generalkirchenvisitation: Visitationsberichte aus der Propstei Flensburg 1854-1860

65 Generalkirchenvisitation: Ankündigung der Generalkirchen- und Schulvisitation, Berichte aus der Propstei Flensburg 1866 und Protokoll der Propstei und Stadt Flensburg 1866-1883 1866-1883

66 Generalkirchenvisitation: Propstei Flensburg 1871-1874

67 Generalkirchenvisitation: Propstei Flensburg 1877-1883

68 Generalkirchenvisitation: Propstei Bredstedt 1785-1815 (1952)

69 Generalkirchenvisitation: Amt und Stadt Husum, Schwabstedt, Stapelholm, Friedrichstadt sowie Inseln und Halligen (1695-) 1737-1747

Enthält u. a.: Streitigkeiten wegen eines Kirchenstands in der Kirche auf Pellworm, 1737-1738 (mit Bankregister 1695 und 1737)
Enthält auch: Visitationsprotokoll für Hademarschen, 1743

70 Generalkirchenvisitation: Amt und Stadt Husum sowie Stapelholm 1750-1788

71 Generalkirchenvisitation: Propstei Husum 1794-1815

72 Generalkirchenvisitation: Berichte und Protokoll aus den Propsteien Husum und Bredstedt 1815-1833

73 Generalkirchenvisitation: Berichte aus den Propsteien Husum und Bredstedt 1836-1861

Darin: gedruckte Schulordnung für die Fleckenschule Bredstedt, 1825

74 Generalkirchenvisitation: Berichte für 1872 und Protokoll für 1869 bis 1884 aus den Propsteien Husum und Bredstedt 1869-1884

75 Generalkirchenvisitation: Berichte aus den Propsteien Husum und Bredstedt 1875-1878

77 Generalkirchenvisitation: Protokolle aus den Propsteien Husum und Bredstedt 1856-1862

76 Generalkirchenvisitation: Berichte aus den Propsteien Husum und Bredstedt 1881-1884

78 Generalkirchenvisitation: Berichte aus der Propstei Eiderstedt 1739-1788

79 Generalkirchenvisitation: Berichte und Protokoll aus der Propstei Eiderstedt 1795-1834

80 Generalkirchenvisitation: Berichte aus der Propstei Eiderstedt
Enthält auch: Landschaft Nordstrand und Friedrichstadt 1837-1852

81 Generalkirchenvisitation: Berichte und Protokoll aus der Propstei Eiderstedt 1865-1879

82 Generalkirchenvisitation: Bestallung des Johann Adolf Becker zum Kirchenkommissar und sein Visitationsprotokoll für Angeln 1632-1633

83 Generalkirchenvisitation: Protokolle aus der Propstei Eiderstedt 1856-1860

84 Generalkirchenvisitation: Berichte und Protokoll aus dem Amt Gottorf, dem Amt Hütten, der Landschaft Stapelholm und dem Domkapitelsdistrikt 1739-1790

85 Generalkirchenvisitation: Berichte und Protokoll aus der Propstei Gottorf 1795-1834

86 Generalkirchenvisitation: Berichte aus der Propstei Gottorf (1827) 1837-1840
Darin: Instruktion für die Schulvorsteher im Flecken Kappeln, 1827

87 Generalkirchenvisitation: Berichte aus der Propstei Gottorf 1843-1854

88 Generalkirchenvisitation: Berichte aus der Propstei Gottorf 1855-1861

89 Generalkirchenvisitation: Berichte und Protokoll aus der Propstei Gottorf 1866-1879

90 Generalkirchenvisitation: Berichte und Protokoll aus der Propstei Hütten mit Landschaft Stapelholm und Domkapitelsdistrikt 1742-1790

91 Generalkirchenvisitation: Berichte und Protokoll aus der Propstei Hütten 1795-1831

92 Generalkirchenvisitation: Berichte aus der Propstei Hütten und den angrenzenden adligen Distrikten 1837-1852

93 Generalkirchenvisitation: Berichte aus der Propstei Hütten 1857-1860

94 Generalkirchenvisitation: Berichte aus der Propstei Hütten 1865-1879

95 Generalkirchenvisitation: Berichte und Protokoll aus der Propstei Fehmarn 1739-1788
Enthält auch: Bericht für die Landschaft Eiderstedt und das Amt Segeberg, 1739

96 Generalkirchenvisitation: Berichte und Protokoll aus der Propstei Fehmarn 1795-1831

97 Generalkirchenvisitation: Protokolle aus der Propstei Fehmarn 1737-1860

98 Generalkirchenvisitation: Berichte und Protokoll aus der Propstei Fehmarn 1869-1884

99 Generalkirchenvisitation: Berichte aus den adligen und klösterlichen Distrikten sowie aus Eckernförde, Friedrichstadt und Friedrichsort 1739-1790

100 Generalkirchenvisitation: Berichte aus den adligen und klösterlichen Distrikten sowie aus Eckernförde, Friedrichstadt und Friedrichsort 1795-1851

101 Generalkirchenvisitation: Protokoll aus der Propstei Südangeln 1879

102 Generalkirchenvisitation: Protokoll aus der Propstei Nordangeln 1880

Kirchenwesen in den Distrikten

103 Propsteikonferenzen in Husum, Tönning, Flensburg und Eckernförde 1848-1849

104 Kirchenwesen in den Propsteien: Bredstedt (1499) 1783-1862
Enthält u. a.: Abschrift eines Registers der Kirche in Breklum aus dem Jahr 1499

105 Kirchenwesen in den Propsteien: Eiderstedt 1603-1861

106 Kirchenwesen in den Propsteien: Fehmarn 1723-1855

107 Kirchenwesen in den Propsteien: Flensburg 1734-1866
Darin: Druckschrift über die Kirchenhölzungen bei Flensburg, 1773

108 Kirchenwesen in den Propsteien: Gottorf 1655-1843

109 Kirchenwesen in den Propsteien: Gottorf 1849-1863

110 Kirchenwesen in den Propsteien: Husum 1733-1863
Enthält u. a.: Kirchen- und Schulreglement für Helgoland, 1733; Untersuchungskommission auf Helgoland wegen des Pastors Ambders, 1735-1745; Regulierung der Kircheninventare im Amt Husum, 1763-1776; Halligen bei der Sturmflut, 1825
Darin: gedruckte Darstellung über die Verwendung der Gelder des Privathilfsvereins in Husum wegen der Sturmflut, 1825

111 Kirchenwesen in den Propsteien: Hütten 1625-1866
Enthält u. a.: Kirche in Kampen bei Rendsburg (Bericht des Kantors Johann Christoph Pötzing über Abbruch und Wiederaufbau in Hohn, 1694); Abschrift der Gründungsurkunde für die Friedrichsberger Kirche bei Schleswig, 1650; Kirche in Borby, 1692-1725; Rechnungsbuch mit den Erträgen der Kirchenkollekten, 1798-1850; Verteilung der Amtsgeschäfte und Einkünfte der Prediger in Eckernförde, 1844-1866

112 Kirchenwesen in den Propsteien: Tondern 1740, 1774-1868
Enthält u. a.: Kirche in Galmsbüll, 1796-1819
Darin: gedruckte Verordnungen gegen das Nachtfreien in der Landschaft Osterland-Föhr, 1740

113 Kirchenwesen: adlige Kirchen 1643, 1724-1850
Enthält u. a.: Kircheninventar in Atzbüll, 1807; Verzeichnis der Geburten, Konfirmationen, Taufen und Sterbefälle, 1835-1850
Darin: Zeichnung zur Anlage der Kirchenstühle in Krusendorf, um 1737

114 Kirchenwesen: Friedrichstadt (1664-) 1676-1847
Enthält u. a.: Beschwerde des Pastors Hensler wegen der Lehre und Predigt des Predigers Steinhammer, 1703

115 Kirchenwesen: Friedrichsort 1740
Enthält: Kirchenkapital aus dem Legat des ehemaligen Pastors Klostermann

116 Kirchenwesen: Landschaft Nordstrand, Oktroyierte Köge und Deutsche Kirche in Kopenhagen 1638-1641, 1700-1863
Enthält u. a.: Bericht von den Kirchen auf Nordstrand, 1638-1641; Oktroi von Dagebüll, 1700; Verhältnis der Katecheten an der Deutschen Kirche in Kopenhagen zum Hauptpastor, 1840; Aufhebung der Predigerstelle auf Nordstrandischmoor, 1863

Personalangelegenheiten der Geistlichen

Kandidaten der Theologie

117 Verzeichnis der Meldungen zum Oberkonsistorialexamen 1778-1833
Enthält u. a.: Personalangelegenheiten; Beurteilung der Arbeiten; Examensfragen

118 Verzeichnis der in Gottorf examinierten Kandidaten 1778-1833
Enthält u. a.: Auszüge aus Zeugnissen

119 Verzeichnis der abgelieferten Kandidatenabhandlungen 1778-1789

120 Dispense von Kandidaten vom dreijährigen Pflichtstudium in Kiel (Triennium) und vom Oberkonsistorialexamen 1784-1800

121 Predigerprotokoll, Kandidatenprotokoll, Verzeichnis der in Glückstadt examinierten Kandidaten und Nachricht von den der Auslösung unterworfenen Predigergebäuden 1790-1845

122 Kandidatenprotokoll für das Herzogtum Schleswig 1793-1808

123 Kandidatenprotokoll für die Herzogtümer Schleswig und Holstein 1809-1824

124 Kandidatenprotokoll für die Herzogtümer Schleswig und Holstein 1824-1833

125 Kandidatenprotokoll für das Herzogtum Schleswig 1834-1849

126 Verzeichnis der im Herzogtum Schleswig tentierten, examinierten und ordinierten Kandidaten 1793-1806

127 Verzeichnis der in Glückstadt tentierten, examinierten und ordinierten Kandidaten 1793-1806

128 Verzeichnis der tentierten Kandidaten 1835-1848

129 Kandidatenabhandlungen 1839-1845
Enthält auch: Lebensläufe

130 Meldungen zum Tentamen und Examen 1851-1863
Enthält auch: Abhandlungen und Lebensläufe

131 Examensdispense 1858-1862

Prediger

132 Pfarrbesetzungen: Propsteien Bredstedt, Eiderstedt, Fehmarn, Flensburg 1614-1789

133 Pfarrbesetzungen: Propsteien Gottorf, Hütten, Husum mit Inseln 1597-1789

134 Pfarrbesetzungen: Propstei Tondern 1714-1789

135 Pfarrbesetzungen: exemte Kirchen 1636-1833

136 Ordinations- und Introduktionsbefehle 1793-1800

137 Ordinations- und Introduktionsbefehle 1801-1810

138 Ordinations- und Introduktionsbefehle 1811-1822

141 Ordinations- und Introduktionsbefehle 1823-1825

139 Ordinations- und Introduktionsbefehle 1825-1833

140 Ordinations- und Introduktionsbefehle 1835-1847

143 Ordinationsbefehle 1848-1853
Enthält u. a.: Beantwortung der Ordinationsfragen; Predigten

144 Ordinationsprotokoll des Generalsuperintendenten 1850-1885
Enthält auch: Personalangelegenheiten; Zeugnisauszüge

146 Ordinationsbefehle 1853-1863
Enthält u. a.: Beantwortung der Ordinationsfragen

148 Ordinationsbefehle 1865-1868
Enthält u. a.: Beantwortung der Ordinationsfragen

149 Ordinationsbefehle 1869-1870
Enthält u. a.: Beantwortung der Ordinationsfragen

142 Prediger: Bewerbungen, Präsentationen und Wahlen 1835-1863

147 Bewerbung und Anstellung von Auswärtigen auf Pfarrstellen 1865-1868

145 Reiseerlaubnisse 1851-1863

150 Prediger: Beschwerden und Absetzungen 1636, 1691-1736

151 Prediger: Beschwerden und Absetzungen 1737-1834

152 Prediger: Beschwerden und Absetzungen 1836-1846
Enthält: Pastor Hermann Wilhelm Marcus Thiess, Arnis; Pastor Johann Bevers, Bergenhusen; Pastor Joachim Friedrich Clasen, Tönning; Pastor Peter Christiansen Schmidt, Bülderup; Diakon Eduard August Nicolaus Reimers, Tetenbüll; Pastor Jens Bruhn, Borby; Pastor Nicolaus Fock, Wallsbüll; Pastor Johann Hagen, Nübel; Pastor Reinholt Friedrich Theodor Thiessen, Uelvesbüll; Pastor Eduard Peter Wolfhagen Thiessen; Böel

153 Prediger: Entlassungen und Absetzungen 1848-1864

154 Predigereinkünfte: Verzeichnis der Berichte und Anschreiben zu den Berichten 1737, 1742

155 Predigereinkünfte: Propsteien Tondern, Hadersleben, Apenrade und Sonderburg (1571-) 1722, 1737-1743
Enthält u. a.: Frühpredigerdienst in Sonderburg, 1571-1711

156 Predigereinkünfte: Propstei Tondern (1487-) 1737-1738

157 Predigereinkünfte: Propsteien Bredstedt, Eiderstedt, Fehmarn, Flensburg, Gottorf, Husum, Hütten sowie adlige Distrikte und Friedrichsort (1711-) 1738-1742

158 Predigereinkünfte: Propstei Gottorf (1422-) 1737

159 Predigereinkünfte: Domkirche in Schleswig, Rabenkirchen, Kosel, Arnis, Nübel, Hütten, Bünsdorf, Borby, Süderstapel, Erfde und Bergenhusen 1737

160 Predigereinkünfte: Amt Husum, Friedrichstadt und Friedrichsort (1672-) 1737-1740

161 Predigereinkünfte: Propstei Eiderstedt (1736) 1737

162 Predigereinkünfte: Propstei Flensburg und Landschaft Bredstedt (1464-) 1737-1742

163 Predigereinkünfte: Propstei Fehmarn (1699) 1737

164 Predigereinkünfte: adlige Kirchen (1444-) 1737-1738

165 Predigereinkünfte und Pensionen (1640-) 1727-1807, 1863
Darin: Statuten des Ostangelschen Predigerkonvents zur Unterstützung von Predigerwitwen, 1751; Statuten des Unterstützungsvereins für hilfsbedürftige verwaiste Predigertöchter, 1863

166 Vakanzpredigten 1779-1830
Enthält u. a.: Schema zur Verwaltung der Gnadenjahre im Schwansener Distrikt, ohne Jahr

167 Pröpste (1766) 1794-1860
Enthält vor allem: Bestallungen

168 Vorschläge für Ordensverleihungen an Geistliche und Schullehrer 1809-1831

567 Verordnungsentwurf des Generalsuperintendenten Adler zur Beförderung der Kandidaten zu Predigerstellen 1798-1800

Archivverzeichnisse der Kirchengemeinden

169 Kirchenarchivverzeichnis Adelby 1802-1860

170 Kirchenarchivverzeichnis Arnis 1837-1860

171 Kirchenarchivverzeichnis Aventoft 1803-1869

175 Kirchenarchivverzeichnis Bannesdorf 1802-1826

172 Kirchenarchivverzeichnis Bannesdorf 1802-1869

176 Kirchenarchivverzeichnis Bargum 1837-1869

177	Kirchenarchivverzeichnis Bergenhusen	1804-1860
178	Kirchenarchivverzeichnis Borby	1803-1860
179	Kirchenarchivverzeichnis Bordelum	1803-1860
180	Kirchenarchivverzeichnis Boren	1817-1859
181	Kirchenarchivverzeichnis Braderup	1803-1860
183	Kirchenarchivverzeichnis Bredstedt	1803-1819
184	Kirchenarchivverzeichnis Bredstedt	1820-1869
182	Kirchenarchivverzeichnis Breklum	1845-1869
185	Kirchenarchivverzeichnis Brodersby und Taarstedt	um 1803-1861
186	Kirchenarchivverzeichnis Bünsdorf	1803-1865
196	Kirchenarchivverzeichnis Dagebüll	1803-1868
197	Kirchenarchivverzeichnis Dänischenhagen	[1840]-1860
199	Kirchenarchivverzeichnis Deezbüll	1803-1869
200	Kirchenarchivverzeichnis Drelsdorf	[1840]-1869
201	Kirchenarchivverzeichnis Eckernförde	[1803]-1860
202	Kirchenarchivverzeichnis Emmelsbüll	1803-1868
203	Kirchenarchivverzeichnis Erfde	[1803]-1860
204	Kirchenarchivverzeichnis Fahrenstedt und Uelsby	[1856]
205	Kirchenarchivverzeichnis Fahretoft	1803-1869
286	Kirchenarchivverzeichnis Sankt Johannis in Flensburg	1802-1844
285	Kirchenarchivverzeichnis Sankt Johannis auf Föhr	1803-1868
198	Kirchenarchivverzeichnis Friedrichsort	[1838]

206	Kirchenarchivverzeichnis Friedrichstadt	[1803]-1858
207	Kirchenarchivverzeichnis Galmsbüll	1803-1804
208	Kirchenarchivverzeichnis Garding	[1803]-1860
209	Kirchenarchivverzeichnis Gelting	1834-1860
210	Kirchenarchivverzeichnis Gettorf	[1804]-1855
212	Kirchenarchivverzeichnis Gröde	[1803]-1869
211	Kirchenarchivverzeichnis Großenwiehe	1803-1860
213	Kirchenarchivverzeichnis Grundhof	[1842]-1866
214	Kirchenarchivverzeichnis Haddeby	[1845]-1861
215	Kirchenarchivverzeichnis Handewitt	1803-1860
216	Kirchenarchivverzeichnis Hattstedt	[1802]-1869
217	Kirchenarchivverzeichnis Havetoft	1837-1873
218	Kirchenarchivverzeichnis Helgoland	[1804]-1806
219	Kirchenarchivverzeichnis Hohn	[1802]-1859
220	Kirchenarchivverzeichnis Hollingstedt	[1803]-1859
221	Kirchenarchivverzeichnis Horsbüll	[1830]-1869
223	Kirchenarchivverzeichnis Humptrup	1803-1861
222	Kirchenarchivverzeichnis Hürup	[1803]-1860
224	Kirchenarchivverzeichnis Husby	1803-1860
225	Kirchenarchivverzeichnis Hütten	[1802]-1860
226	Kirchenarchivverzeichnis Joldelund	1803-1868
278	Kirchenarchivverzeichnis Kahleby	1838-1861

188	Kirchenarchivverzeichnis Kappeln	1803-1861
191	Kirchenarchivverzeichnis Karlum	1803-1869
189	Kirchenarchivverzeichnis Katharinenheerd	1803-1860
190	Kirchenarchivverzeichnis Kating	1802-1860
228	Kirchenarchivverzeichnis Keitum	1803-1869
227	Kirchenarchivverzeichnis Kekenis	[1840] 1867
187	Kirchenarchivverzeichnis Klanxbüll	1803-1858
192	Kirchenarchivverzeichnis Klixbüll	1803-1869
193	Kirchenarchivverzeichnis Koldenbüttel	[1803]-1859
194	Kirchenarchivverzeichnis Kosel	1820-1859
195	Kirchenarchivverzeichnis Kotzenbüll	1838-1860
229	Kirchenarchivverzeichnis Kropp	1831-1861
230	Kirchenarchivverzeichnis Krusendorf	1830-1860
231	Kirchenarchivverzeichnis Ladelund	1803-1869
173	Kirchenarchivverzeichnis Landkirchen	1807-1822
234	Kirchenarchivverzeichnis Landkirchen	1844-1868
233	Kirchenarchivverzeichnis Langeneß	[1810]-1869
232	Kirchenarchivverzeichnis Langenhorn	1802-1867
235	Kirchenarchivverzeichnis Leck	[1803]-1869
236	Kirchenarchivverzeichnis Lindholm	[1810]-1869
237	Kirchenarchivverzeichnis Loit	[1830]-1869
238	Kirchenarchivverzeichnis Lügum	1803-1869

239	Kirchenarchivverzeichnis Medelby	1803-1869
240	Kirchenarchivverzeichnis Mildstedt	[1830]-1869
241	Kirchenarchivverzeichnis Moldenit	[1861]
242	Kirchenarchivverzeichnis Morsum	[1803]-1869
243	Kirchenarchivverzeichnis Munkbrarup	[1840]-1861
244	Kirchenarchivverzeichnis Niebüll	[1830]-1869
246	Kirchenarchivverzeichnis Norderbrarup	[1803]-1860
245	Kirchenarchivverzeichnis Nordhackstedt	[1803]-1860
247	Kirchenarchivverzeichnis Nordmarsch	1082-1843
248	Kirchenarchivverzeichnis Nübel	[1840]-1868
258	Kirchenarchivverzeichnis Ockholm	[1803]-1869
249	Kirchenarchivverzeichnis Odenbüll	1802-1868
254	Kirchenarchivverzeichnis Oeddis	1803-1862
250	Kirchenarchivverzeichnis Oesby	1803-1862
251	Kirchenarchivverzeichnis Oland	1803-1868
252	Kirchenarchivverzeichnis Oldenswort	[1830]-1860
253	Kirchenarchivverzeichnis Olderup	1802-1867
255	Kirchenarchivverzeichnis Ording	1803-1837
256	Kirchenarchivverzeichnis Ostenfeld	1845-1869
257	Kirchenarchivverzeichnis Osterhever	1831-1869
259	Kirchenarchivverzeichnis Pellworm	1804-1869
174	Kirchenarchivverzeichnis Petersdorf	1802-1826

260	Kirchenarchivverzeichnis Petersdorf	1843-1868
261	Kirchenarchivverzeichnis Poppenbüll	[1803]-1858
262	Kirchenarchivverzeichnis Quern	1846-1860
263	Kirchenarchivverzeichnis Rabenkirchen	1856-1860
264	Kirchenarchivverzeichnis Rieseby	1807-1860
265	Kirchenarchivverzeichnis Risum	[1803]-1869
266	Kirchenarchivverzeichnis Rüllschau	1825-1860
287	Kirchenarchivverzeichnis Sankt Peter	1803-1860
267	Kirchenarchivverzeichnis Satrup	1803-1862
275	Kirchenarchivverzeichnis Dom in Schleswig	[1803]-1860
276	Kirchenarchivverzeichnis Friedrichsberger Kirche in Schleswig	1803-1861
277	Kirchenarchivverzeichnis Michaeliskirche in Schleswig	1837-1861
279	Kirchenarchivverzeichnis Schobüll	1802-1869
280	Kirchenarchivverzeichnis Schwabstedt	[1850]-1862
281	Kirchenarchivverzeichnis Schwesing	1802-1869
305	Kirchenarchivverzeichnis Sehestedt	1805-1869
268	Kirchenarchivverzeichnis Sieseby	[1836]-1860
269	Kirchenarchivverzeichnis Simonsberg	[1840]-1869
271	Kirchenarchivverzeichnis Großsolt und Kleinsolt	[1803]-1859
272	Kirchenarchivverzeichnis Sommerstedt	1803-1867
270	Kirchenarchivverzeichnis Sörup	1803-1849

282	Kirchenarchivverzeichnis Starup	1802-1860
283	Kirchenarchivverzeichnis Steinberg	[1803]-1860
284	Kirchenarchivverzeichnis Sterup	[1803]-1860
273	Kirchenarchivverzeichnis Süderbrarup	1803-1858
274	Kirchenarchivverzeichnis Süderstapel	1803-1859
288	Kirchenarchivverzeichnis Tating	1803-1859
289	Kirchenarchivverzeichnis Tetenbüll	1840-1860
294	Kirchenarchivverzeichnis Thumby	1840-1854
290	Kirchenarchivverzeichnis Tolk und Nübel	[1803]-1848
292	Kirchenarchivverzeichnis Tönning	1804-1858
291	Kirchenarchivverzeichnis Töstrup	1802-1861
293	Kirchenarchivverzeichnis Treia	1802-1860
296	Kirchenarchivverzeichnis Uelvesbüll	1802-1860
295	Kirchenarchivverzeichnis Ulsnis	1803-1859
297	Kirchenarchivverzeichnis Viöl	1802-1868
298	Kirchenarchivverzeichnis Vollerwiek	1802-1860
299	Kirchenarchivverzeichnis Waabs	1802-1860
300	Kirchenarchivverzeichnis Wallsbüll	[1803]-1860
301	Kirchenarchivverzeichnis Wanderup	[1803]-1860
302	Kirchenarchivverzeichnis Welt	1802-1860
303	Kirchenarchivverzeichnis Westerhever	[1803]-1860
304	Kirchenarchivverzeichnis Witzwort	1843-1860

Kircheninventare

Propstei Bredstedt

306	Zusammenstellung der Predigereinkünfte und Predigerabgaben in der Propstei Bredstedt	1801
307	Kircheninventar Bargum	1764-1799
308	Kircheninventar Bordelum	1763-1769
309	Kircheninventar Bredstedt	(1764-1769) [1800]
310	Kircheninventar Breklum	1768-1769
311	Kircheninventar Drelsdorf	1768-1769, 1798
312	Kircheninventar Joldelund	1797-1801
313	Kircheninventar Langenhorn	1768-1769, 1792
314	Kircheninventar Ockholm	1767-1769, 1798
315	Kircheninventar Viöl	(1464-) 1762-1763

Propstei Eiderstedt

318	Kircheninventar Friedrichstadt	(1648-) 1764
319	Kircheninventar Garding	1763-1795
316	Kircheninventar Katharinenheerd	1777, 1799-1800
317	Kircheninventar Kating	1779-1801
320	Kircheninventar Koldenbüttel	1768-1772, 1799
321	Kircheninventar Kotzenbüll	1764-1791
322	Kircheninventar Oldenswort	1768-1772, 1801
323	Kircheninventar Ording	1778-1801

324	Kircheninventar Osterhever	1765-1767, 1802
326	Kircheninventar Poppenbüll	1777
325	Kircheninventar Sankt Peter	1777-1778
327	Kircheninventar Tetenbüll	1778, 1800
328	Kircheninventar Uelvesbüll	1763-1802
329	Kircheninventar Vollerwiek	1777, 1801
330	Kircheninventar Welt	1767-1772, 1801
331	Kircheninventar Westerhever	1766-1777
332	Kircheninventar Witzwort	[1763] 1842-1843

Propstei Fehmarn

333	Kircheninventar Bannesdorf	1763
334	Kircheninventar Burg	1763-1803
335	Kircheninventar Landkirchen	1777, 1804
336	Kircheninventar Petersdorf	1777

Propstei Flensburg

337	Kircheninventar Adelby	1768-1800
339	Kircheninventar Eggebek	1766-1772
340	Kircheninventar Esgrus	1763-1799
341	Kircheninventar Glücksburg	1794
359	Kircheninventar Großenwiehe	1768-1769
342	Kircheninventar Grundhof	(1768) 1769, 1797-1802

344	Kircheninventar Handewitt	1766-1769
345	Kircheninventar Hürup	1763-1769, 1800
346	Kircheninventar Husby	1768-1769
347	Kircheninventar Jörl	1763-1769
348	Kircheninventar Munkbrarup	1782-1785, 1840
349	Kircheninventar Neukirchen Darin: gedruckte Auszüge aus den Inventaren von Nordhackstedt, Wallsbüll, Großenwiehe, Handewitt und Wanderup	1782-1863
343	Kircheninventar Nordhackstedt	1764-1773
350	Kircheninventar Oeversee	1767-1769
351	Kircheninventar Quern	1766-1769, 1797-1806
338	Kircheninventar Rüllschau	1766-1769, 1797-1801
352	Kircheninventar Sieverstedt	1765-1769, 1801
354	Kircheninventar Großsolt und Kleinsolt	1767-1769
353	Kircheninventar Sörup	1768-1769, 1800-1808
355	Kircheninventar Steinberg	1766-1769
356	Kircheninventar Sterup	1764-1769
357	Kircheninventar Wallsbüll	1766-1775
358	Kircheninventar Wanderup	1768-1769, 1791-1801

Propstei Gottorf

360	Kircheninventar Arnis	[1768]
361	Kircheninventar Böel	1842
362	Kircheninventar Boren	1764

363	Kircheninventar Brodersby und Taarstedt	1764-1804
364	Kircheninventar Fahrenstedt und Uelvesbüll	1764-1768
365	Kircheninventar Gelting	1763-1764, 1804
366	Kircheninventar Haddeby	(1726-) 1764, 1784
367	Kircheninventar Kropp	1764, 1799
369	Kircheninventar Loit	(1670) 1764, 1815
368	Kircheninventar Moldenit	1764
370	Kircheninventar Rabenkirchen	[1765] 1777, 1797
371	Kircheninventar Domkirche in Schleswig	1795, 1808
375	Kircheninventar Süderbrarup	1763
374	Kircheninventar Thumby und Struxdorf	(1764) 1804
373	Kircheninventar Tolk	1768, 1817
372	Kircheninventar Töstrup	1764, 1840

Propstei Husum

376	Kircheninventar Gröde	1763-1772
377	Kircheninventar Hattstedt	1763-1765, 1800
378	Kircheninventar Helgoland	1777-1798
379	Kircheninventar Hooge	(1772-) 1807
381	Kircheninventar Husum	1813
380	Kircheninventar Langeneß	(1763-1772) 1803
382	Kircheninventar Mildstedt	1763-1797

383	Kircheninventar Nordmarsch	(1763-) 1806
384	Kircheninventar Oland	1763-1803
385	Kircheninventar Olderup	1766-1800
386	Kircheninventar Ostenfeld	1778
388	Kircheninventar Pellworm	[nach 1800]
387	Kircheninventar Alte Kirche auf Pellworm	(1763-) 1795
389	Kircheninventar Schobüll	(1763-) 1800
390	Kircheninventar Schwesing	(1763-) 1797
391	Kircheninventar Simonsberg	(1774-) 1806

Propstei Hütten

392	Kircheninventar Bergenhusen	(1776) 1777
393	Kircheninventar Borby	1808
394	Kircheninventar Bünsdorf	1774-1787
396	Kircheninventar Erfde	1775-1801
398	Kircheninventar Hohn	1764
399	Kircheninventar Hütten	1774-1793
395	Kircheninventar Kosel	(1764-) 1811-1820
397	Kircheninventar Friedrichsberger Kirche in Schleswig	1806
400	Kircheninventar Süderstapel	1778, 1842

Propstei Tondern

401	Kircheninventar Aventoft	(1784-1788) 1801

402	Kircheninventar Braderup	(1782) 1802
403	Kircheninventar Dagebüll	(1737) 1802
404	Kircheninventar Deezbüll	(1781-1788)
405	Kircheninventar Emmelsbüll	(1782-) 1801
406	Kircheninventar Enge	(1782-) 1802
407	Kircheninventar Fahretoft	(1782-) 1789
409	Kircheninventar Sankt Nikolai auf Föhr	1794-1801
408	Kircheninventar Sankt Johannis auf Föhr	1798
410	Kircheninventar Galmsbüll	(1782-) 1801
411	Kircheninventar Horsbüll	(1782-) 1802
412	Kircheninventar Humptrup	(1782-) 1789
413	Kircheninventar Karlum	(1782-) 1801
426	Kircheninventar Keitum	1764, 1786
414	Kircheninventar Klanxbüll	(1782-) 1801
415	Kircheninventar Klixbüll	(1782-) 1788
416	Kircheninventar Ladelund	(1782-) 1802
417	Kircheninventar Leck	(1782-) 1784
418	Kircheninventar Lindholm	(1782-) 1801
419	Kircheninventar Lügum	(1782-) 1801
421	Kircheninventar Medelby	(1782-) 1802
427	Kircheninventar Morsum	(1782-) 1801
422	Kircheninventar Neukirchen	(1782-) 1802

423	Kircheninventar Niebüll	(1782-) 1800
420	Kircheninventar Risum	(1782-) 1788
424	Kircheninventar Rodenäs	(1782-) 1801
425	Kircheninventar Stedesand	(1782-) 1801
428	Kircheninventar Westerland	(1755-) 1802

Adlige Distrikte

430	Kircheninventar Friedrichsort	(1764-) 1804
429	Kircheninventar Gettorf Enthält: Korrespondenz	1844
431	Kircheninventar Kahleby	1774
432	Kircheninventar Kappeln	1803-1810
433	Kircheninventar Krusendorf	(1793-) 1808
434	Kircheninventar Odenbüll	(1765-) 1800-1804
435	Kircheninventar Rieseby	1765
436	Kircheninventar Schwansen	[1800]
437	Kircheninventar Sehestedt	(1708-) 1801
438	Kircheninventar Sieseby	1772-1773
439	Kircheninventar Waabs	(1763-) 1801

SCHULE

Schulordnungen sowie Lateinische und Stadtschulen

440 Allgemeine Schulordnungen 1764-1881
Enthält u. a.: Statistik über den Zustand der lateinischen Schulen, 1777; Reform des Unterrichts, 1848; Religionsunterricht in den hohen Schulen, 1866-1881

441 Einrichtung der Stadtschulen 1795-1829
Darin: Reglement der Polytechnischen Lehranstalt in Kopenhagen, 1829; Bekanntmachung wegen des Philologischen Stipendiums der Universität in Kiel, 1844

442 Stadtschulordnungen 1795-1832

443 Allgemeine Schulordnung für die Herzogtümer Schleswig und Holstein 1804-1817

444 Berichte des Gymnasiums in Altona 1819, 1830

445 Schule: Burg, Bredstedt und Eckernförde 1729-1834

446 Schule: Flensburg (1545-) 1720-1832
Enthält u. a.: Schulgesetze
Darin: gedruckte Andenken an Stifter und Förderer; Schulregulative und Instruktionen

447 Schule: Flensburg 1799-1882
Enthält: Schulprogramme und Berichte

448 Schule: Friedrichstadt 1726-1868

449 Schule: Garding 1739-1823

450 Schule: Husum 1749-1872
Darin: Prüfungseinladungen; Redefeierlichkeiten; Programme

451 Domschule in Schleswig 1702-1703, 1751-1829

452 Domschule in Schleswig 1830-1855

453 Berichte der Domschule in Schleswig 1810-1885

454 Quittungen der Domschulbibliothek in Schleswig 1815-1826

455 Schule: Schleswig 1743-1827
Darin: Regulative für die Bürgerschule in der Altstadt und die Bürgerschulen der Sankt-Michaelis-Gemeinde, 1822

456 Schule: Tönning 1721-1815
Darin: Schulordnung der Stadt Tönning, 1807

Landschulen und Lehrerseminare

457 Landschulen allgemein 1744-1776
Enthält u. a.: Schulbauten, 1744; Verfassung der Kirchspiels- und Nebenschulen
Darin: Ansicht und Grundriss des Schulhauses in Elsdorf, 1744

458 Landschulen allgemein 1650, 1722-1739
Enthält u. a.: adlige Distrikte, 1738-1739; Propstei Husum, 1738-1739

459 Landschulen allgemein 1778-1826
Enthält u. a.: Gründung des Schullehrerseminars in Tondern, 1786; Seminar für Nebenschullehrer, 1796; Unterrichtung der Taubstummen; Verteilung der Lehrmitteln an Schulen, 1819-1826
Darin: Druckschrift „Aufforderung und Plan zur Errichtung einer Nordischen Gesellschaft für die Beförderung und Verbesserung des öffentlichen Unterrichts". Flensburg 1798; Nachrichten und Verfügungen zum Taubstummeninstitut in Schleswig, 1811-1815; Verordnungen

460 Landschulen allgemein 1827-1867
Enthält u. a.: Singübungen der Schullehrer, 1838-1840; Maßnahmen gegen Schulversäumnisse, 1839-1841; Dienstland und Gärten für Schulstellen, 1846; Anstellung und Entlassung der Unterlehrer, 1846; Plan zur Errichtung eines dänischen Schullehrerseminars in Wonsbek, 1843-1847
Darin: Entwurf einer Verordnung zur Entlassung von Volksschullehrern auf dem Verwaltungsweg, 1845

461 Jahresberichte über Landschulen 1838-1848

462 Landschulordnungen der Propsteien 1704, 1798-1844

463 Regulative der adligen Landschulen 1804-1837

Pensionsanstalten und Schullehrerwitwenkassen

464 Pension für Schullehrer und Schullehrerwitwenkasse 1780-1855
Enthält u. a.: Regulative der Schullehrerwitwenkasse, 1780-1805

Schulbücher

465 Schulbücher für den dänischen Unterricht 1861-1863

Darin: „Dansk Læsebog til Skoleburg“ von J. Berg, 1861-1862; „Forskrifter til Brug i Skoler og ved Selvunderviisning“ von Carl W. Mortensen, ohne Jahr; „Fortegninger til Övelse i Frihaandstegning“ von Chr. W. Nielsen, ohne Jahr; „Kortfattet Jordbeskrivelse med Træk af de enkelte Staters Historie“ von G. Mørch und F. F. Hansen, 1862

466 Schulbücher 1848-1862

Darin: „Luthers Katechismus mit einer kurzen Erklärung“ von C. F. Dalslev, 1854, mit handschriftlichen Korrekturen

Wechselseitiger Schulunterricht

467 Wechselseitiger Schulunterricht 1823-1848

468 Wechselseitiger Schulunterricht in den adligen Distrikten und Neuorganisation der Kommission für den wechselseitigen Schulunterricht (1806) 1830-1849

Darin: Reglement für die Kirchspielsschule in Düppel, 1806

Landschulen in den Propsteien

469 Schule: Propstei Bredstedt 1702, 1710, 1799-1833

Enthält u. a.: Schulregulativ, 1802

470 Schule: Propstei Eiderstedt 1745-1859

Enthält u. a.: Schulregulativ mit tabellarischer Übersicht der Landschulen, 1804

471 Schule: Propstei Fehmarn 1708, 1763-1861

Enthält u. a.: Aufhebung der Distriktsschulen, 1763-1767; Schulregulativ, 1802

472 Schule: Propstei Flensburg 1647, 1768-1861

Enthält u. a.: Schulregulativ, 1802-1833; Befreiung der Schullehrer von der Landausschusssession im Amt Flensburg, 1779-1780; Einkünfte der Schule in Adelby, 1839; Regulierung des Schulwesens, 1845

Darin: Instruktion für die Schulvorsteher in der Propstei Flensburg, 1816

473 Schule: Propstei Gottorf 1646, 1688, 1723-1857

Enthält u. a.: Schulregulativ, 1804

474 Schule: Propstei Husum und Bredstedt 1630, 1751-1862

Enthält u. a.: Schulregulative

475 Schule: Propstei Hütten 1711, 1741-1861
Enthält u. a.: Schulregulativ, 1804-1811

476 Schule: Propstei Tondern 1770-1863
Enthält u. a.: Schulregulativ, 1804-1817

477 Schule: adlige Distrikte 1767-1838
Enthält u. a.: provisorische Verordnung zur Verminderung der Schulversäumnisse in den adligen Kirchspielen, 1833-1838

478 Schulbibliotheksverzeichnisse 1835-1838
Enthält: Kappeln; Gettorf; Kahleby; Odenbüll; Waabs; Quars; Klipleff; Gelting

479 Schulen in den adligen Distrikten: Kirchspiele Borby, Barkelsby und Dänischenhagen (1745-) 1795-1850
Darin: Regulativ der Distriktsschule in Gosefeld, 1821

480 Schulen in den adligen Distrikten: Kirchspiel Gelting 1787-1850

481 Schulen in den adligen Distrikten: Kirchspiel Gettorf 1789-1850

482 Schulen in den adligen Distrikten: Kirchspiele Kahleby, Kosel und Krusendorf (1753-) 1797-1848

483 Schulen in den adligen Distrikten: Gut Rundhof, Kirchspiele Rieseby und Schwansen 1802-1849

484 Schulen in den adligen Distrikten: Kirchspiele Sehestedt, Sieseby und Waabs 1790-1849

485 Schule: Friedrichstadt und Friedrichsort 1787-1847
Enthält u. a.: Nebenschule in Friedrichstadt, 1787-789

486 Schule: Nordstrand, Nordstrandischmoor und Köge 1765-1845

Personalangelegenheiten der Schullehrer und Küster

487 Küster und Schullehrer: Vakanzen und Bestallungen in den Propsteien 1639, 1699-1834
Enthält u. a.: Schreib- und Rechenprobe des Christian Petersen, Niebüll, 1744; Prüfungszeugnis des Berend Diedrich Wilms, Güderott, 1831

488 Küster und Schullehrer: Vakanzen und Bestallungen in den exemten Kirchspielen (Boren bis Eckernförde) 1753-1825
Enthält u. a.: Zeugnisse

489 Küster und Schullehrer: Vakanzen und Bestallungen in den exemten Kirchspielen (Friedrichsort bis Waabs) (1744-) 1751-1832

Enthält u. a.: Verzeichnis der täglichen Gebete in der Schule in Munkbrarup, um 1780; Zeugnisse

490 Bewerbungen um Schullehrerstellen 1834-1849

491 Küster und Schullehrer: Bestallungen und Vakanzen 1839-1859

Enthält u. a.: Besetzung der Organistenstelle in Kappeln, 1839-1848

492 Prämien für Schullehrer durch die Patriotische Gesellschaft 1815-1839

493 Abhandlungen von Schullehrern in adligen Distrikten 1848

494 Abhandlungen von Schullehrern in der Propstei Sonderburg 1850-1854

495 Abhandlungen von Schullehrern in der Propstei Hadersleben 1851

496 Küster und Schullehrer: Beschwerden und Absetzungen 1795-1846

497 Küster und Schullehrer: Beschwerden und Absetzungen 1848-1867

498 Schullehrereinkünfte: Propsteien Eiderstedt, Fehmarn und Flensburg 1839-1840

499 Schullehrereinkünfte: Propsteien Gottorf, Hütten und Husum-Bredstedt 1838-1840

500 Schullehrereinkünfte: Propstei Tondern und exemte Kirchspiele 1838-1840

Schulfonds

501 Schulfonds 1792-1821

502 Schulfonds (1816-) 1821-1849

503 Schulfonds und Callisenstiftung 1848-1868

504 Unterstützung durch die Callisenstiftung 1866-1875

ARMENWESEN UND STIFTUNGEN

505 Armenwesen und Stiftungen: allgemeine Angelegenheiten (1749-) 1770-1852

Enthält u. a.: Stristupsches Legat zur Verteilung von Bibeln im dänischsprachigen Schleswig, 1771-1847

Darin: „Saligheds Midler eller Guds Raad til salighed" von B. Siwers, 1789; Nachricht vom Ostangelschen Predigerkonvent, 1826; Armenordnung der Herzogtümer Schleswig und Holstein, 1841; gedruckte Patente und Verfügungen

506 Regulative von Armen- und Arbeitshäusern 1842-1847

507 Armenwesen und Stiftungen: Propsteien Bredstedt, Eiderstedt und Fehmarn (1641-) 1777-1849

Enthält u. a.: Abschriften von Urkunden zu Stiftungen in Tönning, 1641-1758

Darin: gedruckte Anweisung für die Betstundenhalter in den Armenhäusern auf Fehmarn, ohne Jahr

508 Armenwesen und Stiftungen: Propstei Flensburg 1733, 1795-1841

Enthält u. a.: Armenlegat in Rüllschau, 1841

Darin: gedruckte Ordnung für das Waisenhaus in Flensburg, 1777; gedruckte Übersichten über die Verwendung der Einkünfte der Gottfried-und-Anna-Hansen-Stiftung, 1816-1833; gedruckte Übersicht über die Verwendung des Armenverpflegungs- und versorgungswesens, 1816-1830; gedruckte Übersicht des Steuer- und Rechnungswesens der Stadt Flensburg, 1837; gedruckter Auszug aus dem Testament des Hinrich Carstensen und seiner Frau Margaretha, Flensburg, von 1797

509 Armenwesen und Stiftungen: Propstei Flensburg (1545-) 1773-1832

Enthält: Druck und Abschriften von Urkunden der Stiftungen

510 Armenwesen und Stiftungen: Propstei Gottorf (1543-) 1745-1864

Enthält u. a.: Waisenhaus in Schleswig, 1745-1834; Nachrichten von den Stiftungen in Schleswig (darunter Gründungsakte der Adlerschen Stiftung, 1846, und Abschrift der Stiftungsurkunde des Grauen Klosters 1534); Armen- und Arbeitshäuser

Darin: gedruckte Nachrichten zum Taubstummeninstitut in Schleswig, 1811; Regulative der Armen- und Arbeitshäuser in Fahrenstedt, 1858, und Thumby, 1861

511 Armenwesen und Stiftungen: Propstei Hütten 1627-1854

Enthält u. a.: Armenhaus im Friedrichsberg in Schleswig, 1751-1799

Darin: gedruckte Nachrichten über die Verbesserung des Unterrichtswesens in Eckernförde, 1792

512 Armenwesen und Stiftungen: Propstei Husum 1643-1847

Enthält u. a.: Testament des Zollverwalters Matthias Friedrich Brinckmann, Husum, 1788

Darin: gedruckte Rede zur Einweihung des Erziehungshauses in Husum, 1773; Bericht zum Verpflegungs- und Erziehungshaus in Husum, 1773; Druckschriften zur Verbesserung des Armenwesens auf Pellworm, 1804, und in Husum, 1806

513 Armenwesen und Stiftungen: Propstei Tondern 1769-1866

Enthält u. a.: Regulierung des Armenwesens im Amt Tondern, 1838; Buchholzsche Stiftung in Braderup, 1860-1866

514 Armenwesen und Stiftungen: adlige Distrikte 1655-1846

Enthält u. a.: Nachrichten und Rechnungsbuch des Armenhauses in Damp, 1706-1830

515 Armenwesen und Stiftungen: Kolonisten und Friedrichstadt (1646-) 1762-1796

KONSISTORIUM

516 Allgemeine Konsistorialverordnungen 1642-1826

517 Oberkonsistorium und Landoberkonsistorium auf Gottorf 1773-1834

Darin: Instruktion und Gerichtsordnung für dem Schleswig-Holstein-Lauenburgischen Oberappellationsgericht direkt untergeordnete Landesdikasterien im Herzogtum Holstein, 1834

518 Unterkonsistorien der Propsteien Bredstedt, Eiderstedt, Fehmarn, Flensburg, Gottorf, Husum und Hütten 1723-1841

BERICHTE UND VOTEN DES GENERALSUPERINTENDENTEN ADLER

519 Sammlung von Resolutionen und Bescheide des Oberkonsistoriums nach Votum des Generalsuperintendenten Jacob Georg Christian Adler 1793-1796

Enthält: Nr. 52-297

520 Sammlung von Resolutionen und Bescheide des Oberkonsistoriums nach Votum des Generalsuperintendenten Jacob Georg Christian Adler 1796-1797

Enthält: Nr. 301-600

521 Sammlung von Resolutionen und Bescheide des Oberkonsistoriums nach Votum des Generalsuperintendenten Jacob Georg Christian Adler 1797-1799
Enthält: Nr. 601-900

522 Sammlung von Resolutionen und Bescheide des Oberkonsistoriums nach Votum des Generalsuperintendenten Jacob Georg Christian Adler 1799-1801
Enthält: Nr. 902-1200

523 Sammlung von Resolutionen und Bescheide des Oberkonsistoriums nach Votum des Generalsuperintendenten Jacob Georg Christian Adler 1801-1802
Enthält: Nr. 1201-1503

524 Sammlung von Resolutionen und Bescheide des Oberkonsistoriums nach Votum des Generalsuperintendenten Jacob Georg Christian Adler 1802-1803
Enthält: Nr. 1504-1792

525 Sammlung von Resolutionen und Bescheide des Oberkonsistoriums nach Votum des Generalsuperintendenten Jacob Georg Christian Adler 1803-1805
Enthält: Nr. 1802-2100

526 Sammlung von Resolutionen und Bescheide des Oberkonsistoriums nach Votum des Generalsuperintendenten Jacob Georg Christian Adler 1805-1807
Enthält: Nr. 2101-2797

527 Sammlung von Resolutionen und Bescheide des Oberkonsistoriums nach Votum des Generalsuperintendenten Jacob Georg Christian Adler 1807-1809
Enthält: Nr. 2800-3195

528 Sammlung von Resolutionen und Bescheide des Oberkonsistoriums nach Votum des Generalsuperintendenten Jacob Georg Christian Adler 1808-1810
Enthält: Nr. 3201-3499

529 Sammlung von Resolutionen und Bescheide des Oberkonsistoriums nach Votum des Generalsuperintendenten Jacob Georg Christian Adler 1810-1811
Enthält: Nr. 3503-3799

530 Sammlung von Resolutionen und Bescheide des Oberkonsistoriums nach Votum des Generalsuperintendenten Jacob Georg Christian Adler 1811-1813
Enthält: Nr. 3804-4100

531 Sammlung von Resolutionen und Bescheide des Oberkonsistoriums nach Votum des Generalsuperintendenten Jacob Georg Christian Adler 1813-1814
Enthält: Nr. 4101-4399

532 Sammlung von Resolutionen und Bescheide des Oberkonsistoriums nach Votum des Generalsuperintendenten Jacob Georg Christian Adler 1814-1815
Enthält: Nr. 4401-4800

533 Sammlung von Resolutionen und Bescheide des Oberkonsistoriums nach Votum des Generalsuperintendenten Jacob Georg Christian Adler 1815-1817, 1819
Enthält: Nr. 4802-5198

534 Sammlung von Resolutionen und Bescheide des Oberkonsistoriums nach Votum des Generalsuperintendenten Jacob Georg Christian Adler 1816-1818
Enthält: Nr. 5201-5600

535 Sammlung von Resolutionen und Bescheide des Oberkonsistoriums nach Votum des Generalsuperintendenten Jacob Georg Christian Adler 1818-1820
Enthält: Nr. 5601-6000

536 Sammlung von Resolutionen und Bescheide des Oberkonsistoriums nach Votum des Generalsuperintendenten Jacob Georg Christian Adler 1820-1821
Enthält: Nr. 6001-6298

537 Sammlung von Resolutionen und Bescheide des Oberkonsistoriums nach Votum des Generalsuperintendenten Jacob Georg Christian Adler 1821-1822
Enthält: Nr. 6301-6599

538 Sammlung von Resolutionen und Bescheide des Oberkonsistoriums nach Votum des Generalsuperintendenten Jacob Georg Christian Adler 1822-1823
Enthält: Nr. 6605-6900

539 Sammlung von Resolutionen und Bescheide des Oberkonsistoriums nach Votum des Generalsuperintendenten Jacob Georg Christian Adler 1823-1824
Enthält: Nr. 6902-7200

540 Sammlung von Resolutionen und Bescheide des Oberkonsistoriums nach Votum des Generalsuperintendenten Jacob Georg Christian Adler 1824-1825
Enthält: Nr. 7201-7499

541 Sammlung von Resolutionen und Bescheide des Oberkonsistoriums nach Votum des Generalsuperintendenten Jacob Georg Christian Adler 1825-1826
Enthält: Nr. 7501-7800

542 Sammlung von Resolutionen und Bescheide des Oberkonsistoriums nach Votum des Generalsuperintendenten Jacob Georg Christian Adler 1826-1827
Enthält: Nr. 7801-8099

543 Sammlung von Resolutionen und Bescheide des Oberkonsistoriums nach Votum des Generalsuperintendenten Jacob Georg Christian Adler 1827-1828
Enthält: Nr. 8101-8399

544 Sammlung von Resolutionen und Bescheide des Oberkonsistoriums nach Votum des Generalsuperintendenten Jacob Georg Christian Adler 1828
Enthält: Nr. 8401-8700

545 Sammlung von Resolutionen und Bescheide des Oberkonsistoriums nach Votum des Generalsuperintendenten Jacob Georg Christian Adler 1829-1830
Enthält: Nr. 8701-9000

546 Sammlung von Resolutionen und Bescheide des Oberkonsistoriums nach Votum des Generalsuperintendenten Jacob Georg Christian Adler 1830
Enthält: Nr. 9001-9300

547 Sammlung von Resolutionen und Bescheide des Oberkonsistoriums nach Votum des Generalsuperintendenten Jacob Georg Christian Adler 1830-1832
Enthält: Nr. 9301-9746

548 Sammlung von Resolutionen und Bescheide des Oberkonsistoriums nach Votum des Generalsuperintendenten Jacob Georg Christian Adler 1831-1833
Enthält: Nr. 9754-10200

549 Sammlung von Resolutionen und Bescheide des Oberkonsistoriums nach Votum des Generalsuperintendenten Jacob Georg Christian Adler 1833-1834
Enthält: Nr. 10201-10556

550 Protokoll der Berichte und Voten des Generalsuperintendenten Jacob Georg Christian Adler an das Oberkonsistorium und die Deutsche Kanzlei Band 1 (mit Register) 1793-1798
Enthält: Nr. 1-700 (entsprechen Abt. 18 Nr. 519-521)

551 Protokoll der Berichte und Voten des Generalsuperintendenten Jacob Georg Christian Adler an das Oberkonsistorium und die Deutsche Kanzlei Band 2 (mit Register) 1798-1802
Enthält: Nr. 701-1400 (entsprechen Abt. 18 Nr. 521-523)

552 Protokoll der Berichte und Voten des Generalsuperintendenten Jacob Georg Christian Adler an das Oberkonsistorium und die Deutsche Kanzlei Band 3 (mit Register) 1802-1805
Enthält: Nr. 1401-2350 (entsprechen Abt. 18 Nr. 523-526)

553 Protokoll der Berichte und Voten des Generalsuperintendenten Jacob Georg Christian Adler an das Oberkonsistorium und die Deutsche Kanzlei Band 4 (mit Register) 1806-1811
Enthält: Nr. 2715-3834 (entsprechen Abt. 18 Nr. 526-530)

554 Protokoll der Berichte und Voten des Generalsuperintendenten Jacob Georg Christian Adler an das Oberkonsistorium und die Deutsche Kanzlei Band 5 (mit Register) 1812-1815
Enthält: Nr. 3835-4900 (entsprechen Abt. 18 Nr. 530-533)

555 Protokoll der Berichte und Voten des Generalsuperintendenten Jacob Georg Christian Adler an das Oberkonsistorium und die Deutsche Kanzlei Band 6 (mit Register) 1816-1818
Enthält: Nr. 4901-5725 (entsprechen Abt. 18 Nr. 533-535)

556 Protokoll der Berichte und Voten des Generalsuperintendenten Jacob Georg Christian Adler an das Oberkonsistorium und die Deutsche Kanzlei Band 7 (mit Register) 1819-1822
Enthält: Nr. 5726-6815 (entsprechen Abt. 18 Nr. 535-538)

557 Protokoll der Berichte und Voten des Generalsuperintendenten Jacob Georg Christian Adler an das Oberkonsistorium und die Deutsche Kanzlei Band 8 (mit Register) 1823-1826
Enthält: Nr. 6816-8027 (entsprechen Abt. 18 Nr. 538-542)

558 Protokoll der Berichte und Voten des Generalsuperintendenten Jacob Georg Christian Adler an das Oberkonsistorium und die Deutsche Kanzlei Band 9 (mit Register) 1827-1830
Enthält: Nr. 8028-9397 (entsprechen Abt. 18 Nr. 542-547)

559 Protokoll der Berichte und Voten des Generalsuperintendenten Jacob Georg Christian Adler an das Oberkonsistorium und die Deutsche Kanzlei Band 10 (mit Register) 1831-1834
Enthält: Nr. 9398-10658 (entsprechen Abt. 18 Nr. 547-549)

568 Berichterforderungen der Deutschen Kanzlei an Generalsuperintendent Adler 1793-1833 (1982, 2011)
Enthält auch: Kirchen- und Schulangelegenheiten im Herzogtum Holstein, 1802-1833

JOURNALE

560 Geschäftsjournal für 1793 bis 1815 1793-1834
Enthält auch: Verzeichnis der ausgeschriebenen Eides-, Buß- und Reformationstagstexte, 1794-1834

561 Geschäftsjournal 1815-1827

562 Geschäftsjournal 1827-1849

563 Journal der interimistischen Superintendentur für den deutschsprachigen Teil des Herzogtums Schleswig 1851-1854
Enthält auch: Verzeichnis der Entlassungen und Ernennungen von Geistlichen nach 1850

ALTE FINDMITTEL

570 Registrant des Generalsuperintendenturarchivs (Abt. 18) 1793-1988

564 Registrant des neueren Generalsuperintendenturarchivs [1792-1849]

565 Repertorium zu den Akten der Generalsuperintendentur im Staatsarchiv Schleswig 1872

566 Repertorium des Archivs des Bischofs von Schleswig und der Superintendenten 1926

FINDBUCH DES BESTANDES ABT. 19

Generalsuperintendent für Holstein

KIRCHENWESEN

Evangelische Gesamtkirche

2 Evangelische Konferenz in Berlin 1846
Enthält u. a.: Protokolle; Verzeichnis der Abgeordneten; Nachrichten zur kirchlichen Verfassung im Herzogtum Lauenburg

3 Einladung zum Kirchentag in Kiel 1867

Verfassung und Kultus

Landeshoheit, Episkopalrecht und Kirchenverfassung

4 Niederdeutsche Abschrift der Ripener Artikel von 1542 [17. Jh.]

1011 Landeshoheit und Episkopalrecht: gottorfische und gemeinschaftliche Verfügungen (1637) 1641-1774
Enthält: strittige Zugehörigkeit von Kirchen zum gemeinschaftlichen oder privaten Anteil; Fürbitten und Danksagungen für das regierende Haus in den Kirchengebeten
Darin: gedruckter Text der Dankpredigt, 1762

1012 Landeshoheit und Episkopalrecht: gottorfische und gemeinschaftliche Verfügungen 1700-1773
Enthält u. a.: Fürbitten; Kirchengebete; strittige Zugehörigkeit von Kirchen

1013 Landeshoheit und Episkopalrecht: königliche Verfügungen 1653-1832
Enthält u. a.: Verzeichnis der Kirchen in den Herzogtümern unter königlichem Patronat, 1653; Verzeichnis der Kirchen in beiden Herzogtümern mit Angaben zum Patronatsrecht, 1669; Kirchengebete; Ein- und Auspfarrung

1014 Bestätigungen von Bestallungen und Huldigungen bei veränderter Regierung: königliche Verfügungen 1670, 1705, 1721-1782

753 Gottorfische Ranglisten 1739, 1764

754 Handschrift mit Konstitutionen, Privilegien, Reskripten und Urteilen der Landschaft Norderdithmarschen [1559-1678]

5 Kirchenverfassung einzelner Gebiete 1774-1808
Enthält: Verhalten von bei Kirchen des Stiftes Eutin eingepfarrten Untergehörigen ehemaliger gemeinschaftlicher Güter und Dörfer hinsichtlich der Verordnungen, 1774; Landschaft Norderdithmarschen, 1784, 1798; Übertragung der Propsteigeschäfte über die ehemaligen großfürstlichen und gemeinschaftlichen Distrikte an Pastor Johann Georg Fock, Kiel, 1808

7 Kirchenverfassung: Entwürfe und Gutachten 1842-1863
Enthält u. a.: Vorschlag für eine gemeinsame Oberverwaltungsbehörde für das Kirchen- und Schulwesen der Herzogtümer mit Dänemark; Kirchenverwaltung in den Propsteien Norderdithmarschen und Süderdithmarschen; Gutachten des Generalsuperintendenten Johann Carl Julius Herzbruch über die Einrichtung einer Kommission zum Entwurf einer neuen Kirchenverfassung; Kommission für Reformvorschläge; Beurteilung des „Entwurfs einer Gemeindeordnung vom freiwilligen Kirchenkomitee in Kiel" von Hans Friedrich Neelsen

1106 Innere Verfassung des Kirchenwesens, Gottesdienst und Sabbatfeiern im Allgemeinen 1641-1826
Darin: gedruckte Verordnungen und Bekanntmachungen; Druckschriften zum 1000-jährigen Einführung des Christentums, 1826

6 Kirchenpatronat im herzoglichen Anteil 1708-1742

8 Patronatsrecht 1851-1854

9 Verhältnis des Patronats zu den unteren Kirchenoffizialen 1838, 1866
Enthält: Verhalten der Kirchenjuraten in Kollmar; Kosten für die Beleuchtung der Sankt-Laurentius-Kirche in Itzehoe

1034 Synode in Rendsburg 1650, 1691-1730
Enthält u. a.: Protokoll der Generalsynode, 1691

1035 Synode in Rendsburg 1734-1743
Darin: gedruckte Ansprache an die Schullehrer in den Herzogtümern Schleswig und Holstein, 1737

Gottesdienstordnung

1107 Kirchenliturgie und Kirchenritus: gottorfische Verordnungen 1713-1769
Darin: Verordnung zum öffentlichen Gottesdienst und dem Ritus, 1735

1108 Kirchenliturgie und Kirchenritus: königliche Verordnungen
1605, 1650, 1726-1786

1110 Kirchenliturgie und Kirchenritus: königliche Verordnungen
Enthält u. a.: Einführung von Gesang- und Choralbüchern 1777-1802

10 Gottesdienstordnung 1844-1857

11 Kirchen- und Altargebete zum Reformationsfest (Druck) 1817

12 Allgemeines Kirchengebet 1837-1866

13 Kirchengebete anlässlich der schleswig-holsteinischen Erhebung
1849-1850

14 Kirchengesang und Orgel 1767-1768, 1841-1866
Enthält u. a.: Konzession des Johann Hinrich Mittelheuser, Wilster, zum Orgelbau, 1767-1768

Sonn- und Festtage

1015 Gottorfische Buß-, Eides- und sonstige Predigttexte
Darin: gedruckte Texte (1596) 1667-1776

1016 Königliche Buß-, Eides- und sonstige Predigttexte 1646, 1686-1817
Darin: gedruckte Texte (darunter Feier der Reformation, 1817)

1017 Königliche Buß-, Eides- und sonstige Predigttexte 1759-1806

15 Sabbatheiligung 1837-1857

16 Vermehrung und Veränderung des Gottesdienstes 1846, 1858-1864

17 Predigten, Frühpredigten, Nachmittagspredigten, Fürbitten und Eidespredigten 1837-1865

18 Vorschlag wohl des Generalsuperintendenten Johann Leonhard Callisen zur Abschaffung von Feiertagen [1800]

Besondere Gottesdienste

1018 Gottorfische Veränderungen im Kirchengebet bei Freuden- und Trauerfällen im regierenden Haus sowie bei Landestrauer 1731-1774

1019 Königliche Veränderungen im Kirchengebet bei Freuden- und Trauerfällen im regierenden Haus sowie bei Landestrauer 1730-1806

21 Landesfreude und Landestrauer 1735-1766, 1802-1863
Darin: gedruckte Verordnungen

19 Feststehende Gottesdienste: Reformationsfest 1835 und 1840 sowie Erntedankfest 1842 und 1847 1835-1847
Darin: gedruckte Bekanntmachung zum Erntedankfest, 1847

20 Außerordentliche Gottesdienste: Schlossbrand in Kopenhagen 1794, Jahrhundertwende 1800, Einführung der Reformation 1836 und 1842, Augsburger Religionsfrieden 1855, Lage des Landes 1864 1794-1864

22 Kirchweihfest: Reinfeld, Eddelak und Süsel 1836-1858

23 Einweihung von Kirchen und Kapellen 1840-1863

Kirchenkollekten und Klingelbeutel

1020 Gottorfische Kirchenkollekten 1653-1777

1021 Königliche außerordentliche Kirchenkollekten 1708-1738

1022 Königliche außerordentliche Kirchenkollekten 1738-1777

1023 Königliche außerordentliche Kirchenkollekten 1779-1796

1024 Königliche Kirchenkollekten 1736-1819
Enthält u. a.: Lotterie für die Schule in Herlufsholm, 1736, und für die Kirche in Ottensen, 1737

24 Kirchenkollekten: Gutachten und Verfügungen 1735-1740, 1835-1853

25 Kirchenkollekten: Erträge und Verwendungen 1793-1806
Enthält u. a.: Verzeichnis der an das Finanzkollegium einzusendenden freiwilligen Beiträge der Geistlichkeit, 1795

26 Neujahrskollekte für das Erziehungshaus in Kopenhagen 1835-1857

27 Pfingstkollekte für Soldatenkinder in Rendsburg und Glückstadt 1835-1852

28 Kollekten für die Strafanstalten in Glückstadt 1835-1837

29 Kollekte für die dänische lutherische Kirche in London 1835

30 Anordnung einer Haussammlung für den Kirchenbau in Wedel 1837

31 Kollekte anlässlich der Sturmflut in Jütland 1839-1840

32 Kollekte anlässlich der Überschwemmung der Stadt Lauenburg 1855

33 Bewilligung einer Hauskollekte für den Kirchenbau in Plön 1864

34 Sammlung für das Lutherdenkmal in Worms 1857-1858
Enthält u. a.: Einzeichnungslisten aus verschiedenen Kirchspielen

35 Abschaffung des Klingelbeutels 1840-1852

36 Verpflichtung der Armenvorsteher zum Tragen des Klingelbeutels 1859

Gesang- und Lehrbücher

1109 Einführung des älteren königlichen allgemeinen Gesangbuchs und des Choralbuchs 1726-1750

37 Cramersches Gesangbuch 1777-1789

38 Choral- und Melodienbücher des Musikdirektors Georg Christian Apel in Kiel und des Kandidaten Mohr in Oldenburg 1831-1838
Darin: drei Exemplare des Apelschen Buches, 1837

39 Ausarbeitung eines neuen Gesangbuchs 1856-1866

40 Ausarbeitung eines neuen Katechismus, eines Gesangbuchs und einer Agende 1838-1853

41 Katechismus des Bischofs Wilhelm Heinrich Koopmann 1860-1863
Darin: „Mecklenburgisches Schulblatt“ vom 16. August 1861; „Altonaer Mercur“ vom 1. Juli 1860; Druckschrift des Hauptpastors und Klosterpredigers Johann Peter Christian Bröker, Uetersen, zur Katechismusfrage, 1861; Druckschrift des Lehrers J. Fr. Dücker, Neustadt, zum Religionsunterricht und Katechismus, 1862; Druckschrift des Johannes Kardel zum Katechismus mit einem Vorwort des Pastors Christian August Heinrich Decker, Klein Wesenberg, 1862; Buchanzeigen

Kirchliche Zeitschriften und Veröffentlichungen

1030 Bücherzensur und Pressefreiheit 1681, 1718-1771, 1818-1834
Darin: „Religionsblatt“ vom 1. April bis 6. Mai 1829

46 Herausgabe von Kirchen- und Schulblättern 1838-1843, 1862

47 Pressefreiheit und Zensur (1799) 1800, 1837-1857
Darin: gedruckte Verordnungen zur Pressefreiheit, 1799, 1848

749 Schleswig-Holsteinische Anzeigen 1800

750 Mitteilung von Verordnungen an die Allgemeine Kirchenzeitung des Hofpredigers Zimmermann in Darmstadt 1822

752 Festschrift für die land- und forstwirtschaftliche Versammlung in Kiel 1847

Ständeversammlung

42 Ständeversammlung: Patente und Bekanntmachungen 1838-1854
Enthält u. a.: „Offener Brief“ König Christians VIII. von Dänemark und königliche Bekanntmachung zum „Offenen Brief“, 1846

43 Ständeversammlung: Wahl der geistlichen Mitglieder 1838, 1854-1861

44 Ständeversammlung: Vertretung der gewählten Prediger 1838-1854

45 Ständeversammlung: Eröffnungsgottesdienst 1835-1842

Behörden der Landeskirche

Oberkonsistorium

1031 Gottorfisches Oberkonsistorium 1639-1641, 1708-1784
Enthält u. a.: Instruktion, 1733; Sporteltaxe, 1734; Einladungen zu den Sitzungen
Darin: gedruckte Rede des Landkanzlers Christian Ludwig Rachel zur Eröffnung des Landgerichts, 1769; gedruckte Ordnung der Eröffnung des Landgerichts, 1782

48 Oberkonsistorium: Ernennungen 1844, 1865
Enthält: Hauptpastor Johann Wilhelm Branmann, Glückstadt; Pastor Nicolaus Hartwig Bünz, Glückstadt

49 Oberkonsistorium: Veränderung und Interpretation von Verordnungen 1842-1852

50 Oberkonsistorium: Eheangelegenheiten 1793-1849
Enthält u. a.: umfangreiche Prozessschrift zu einem Ehefall in Neuhaus ohne Namensnennung, um 1800

51 Oberkonsistorium: Eheangelegenheiten 1848-1859

52 Oberkonsistorium: Eheangelegenheiten 1860-1866

53 Oberkonsistorium: Disziplinarverfahren gegen Prediger und Schullehrer 1837-1841

54 Oberkonsistorium: Trennung der Notariate von den Rektoraten in Sankt Annen und Schlichting 1844-1845

55 Oberkonsistorium: Verhandlung geistlicher Angelegenheiten beim Landgericht 1810-1811

Unterkonsistorium

56 Unterkonsistorien: Allgemeines 1776, 1792, 1802-1853
Enthält u. a.: Vorschlag eines allgemeinen Unterkonsistoriums in den ehemaligen großfürstlichen Gebieten, 1776; Entwurf eines Regulativs für das Konsistorium in Plön, 1839-1842; Gerichtsstand der Prediger und Schullehrer in Gesindestreitigkeiten, 1842; Aktuariat und Gerichtsstand des Propstes Johann Friedrich Leonhard Callisen im Konsistorium in Rendsburg, 1822, 1844, 1850; Protokollauszüge von Entscheidungen des Oberkonsistoriums

57 Unterkonsistorien: Gebühren 1838-1845

58 Unterkonsistorien: Regulative für Kiel, Oldenburg, Rendsburg und Stormarn 1815-1821

59 Unterkonsistorien: Rechtsbräuche 1803

1032 Konsistoriumsangelegenheiten in Rendsburg 1712-1746, 1805

1033 Einrichtung neuer Propsteien mit Unterkonsistorien 1811-1821
Darin: gedruckte Regulative für die Konsistorien für Kiel, Oldenburg und Stormarn, 1821

Generalsuperintendenten

1036 Gottorfische Generalsuperintendentur 1640-1773

1037 Königliche Generalsuperintendentur 1684-1786

1046 Generalsuperintendentur 1723-1834
Enthält u. a.: Generalsuperintendenturwohnungen in Schleswig und Rendsburg, 1723-1792

329 Ordinationsformulare [2. Hälfte 18. Jh.]

60 Generalsuperintendent: Aufzeichnungen des Generalsuperintendenten Adam Struensee über Rechte und Einkünfte 1759-1791

330 Vorübergehende Verwaltung der Generalsuperintendentur im ehemaligen gemeinschaftlichen Anteil 1785-1793

1038 Interimsverwaltung der Generalsuperintendentur- und Propsteigeschäfte in den ehemaligen gottorfischen Distrikten durch Pastor Albert Schröder in Neumünster 1785
Enthält u. a.: Bau eines Kompastorats in Neumünster (mit Zeichnungen)

1039 Interimsverwaltung der Generalsuperintendentur- und Propsteigeschäfte in den ehemaligen gottorfischen Distrikten durch Pastor Albert Schröder in Neumünster 1786

1040 Interimsverwaltung der Generalsuperintendentur- und Propsteigeschäfte in den ehemaligen gottorfischen Distrikten durch Pastor Albert Schröder in Neumünster 1787

1041 Interimsverwaltung der Generalsuperintendentur- und Propsteigeschäfte in den ehemaligen gottorfischen Distrikten durch Pastor Albert Schröder in Neumünster 1788

1042 Interimsverwaltung der Generalsuperintendentur- und Propsteigeschäfte in den ehemaligen gottorfischen Distrikten durch Pastor Albert Schröder in Neumünster 1789

1043 Interimsverwaltung der Generalsuperintendentur- und Propsteigeschäfte in den ehemaligen gottorfischen Distrikten durch Pastor Albert Schröder in Neumünster 1790

1044 Interimsverwaltung der Generalsuperintendentur- und Propsteigeschäfte in den ehemaligen gottorfischen Distrikten durch Pastor Albert Schröder in Neumünster 1791

1045 Interimsverwaltung der Generalsuperintendentur- und Propsteigeschäfte in den ehemaligen gottorfischen Distrikten durch Pastor Albert Schröder in Neumünster 1792

61 Stellung der Generalsuperintendenten zu Pröpsten, Predigern und Patronen 1835-1844

62 Gehalt der Generalsuperintendenten 1793-1801, 1849-1864

63 Beförderung der Generalsuperintendenten 1784, 1841-1865

64 Archiv der Generalsuperintendenten 1791-1862
Enthält u. a.: Abschrift des Registranten des Generalsuperintendenten Jacob Georg Christian Adler

65 Verordnungen für den Generalsuperintendenten zum Geschäftsgang von Behörden 1839-1848

66 Adventsschreiben der Generalsuperintendenten 1855-1866

Gottorfische Generalsuperintendenten

1073 Rundschreiben der gottorfischen Generalsuperintendenten und des Pastors Albert Schröder in Neumünster als Verwalter der gottorfischen Generalsuperintendentur 1646-1792

1074 Voten des Generalsuperintendenten Gustav Christoph Hoßmann in der Eheangelegenheit der Margareta Hedwig von Hahn geb. von Ahlefeldt und Detlef von Hahn auf Neuhaus 1764-1765

Königliche Generalsuperintendenten bis 1760

1067 Rundschreiben der Generalsuperintendenten Johann Hudemann, Josua Schwartz und Theodor Dassow 1670-1701, 1710-1720

1068 Rundschreiben des Generalsuperintendenten Andreas Hoyer 1726-1728

1069 Rundschreiben des Generalsuperintendenten Georg Johannes Conradi 1729-1738

1070 Rundschreiben des Generalsuperintendenten Georg Johannes Conradi 1741-1747

289 Rundschreiben der Generalsuperintendenten Andreas Hoyer, Thomas Clausen und Georg Johannes Conradi 1706, 1721-1726, 1738-1740

1071 Rundschreiben des Generalsuperintendenten Jeremias Friedrich Reuss 1749-1756
Darin: gedruckte Predigt und Gebete zum Jubiläumsfest der oldenburgischen Dynastie im Dom in Schleswig, 1749

290 Diarium des Generalsuperintendenten Jeremias Friedrich Reuss 1749-1757

291 Berichte des Generalsuperintendenten Jeremias Friedrich Reuss an die Deutsche Kanzlei und die Regierung in Glückstadt 1749-1757

Generalsuperintendent Adam Struensee

1072 Rundschreiben des Generalsuperintendenten Adam Struensee 1761-1779

1075 Berichtserforderungen und Voten des Generalsuperintendenten Adam Struensee 1768-1786
Enthält u. a.: Eheversprechen des Caspar von Saldern gegenüber der Frau des Geheimrates Graumann in Berlin; Verzeichnisse der Patrone adliger und gemeinschaftlicher Kirchen

292 Schreiben des Generalsuperintendenten Adam Struensee an König und obere Behörden 1759-1781

293 Schreiben des Generalsuperintendenten Adam Struensee an die Deutsche Kanzlei 1781-1790

294 Korrespondenz des Generalsuperintendenten Adam Struensee: Propsteien im Herzogtum Holstein 1760-1781

295 Korrespondenz des Generalsuperintendenten Adam Struensee: Propstei Rendsburg 1761-1780

296 Korrespondenz des Generalsuperintendenten Adam Struensee: Propstei Kiel 1785-1791

297 Korrespondenz des Generalsuperintendenten Adam Struensee: Amt Gottorf 1790-1791

298 Korrespondenz des Generalsuperintendenten Adam Struensee: Propsteien im Herzogtum Schleswig 1787-1789

299 Korrespondenz des Generalsuperintendenten Adam Struensee: Propstei Eiderstedt 1781-1791

300 Korrespondenz des Generalsuperintendenten Adam Struensee: Propstei Husum 1790-1791

301 Korrespondenz des Generalsuperintendenten Adam Struensee: sonstige Angelegenheiten (Fragment) 1781-1791
Enthält auch: Angelegenheiten im Herzogtum Schleswig

302 Diarium des Generalsuperintendenten Adam Struensee 1759-1771

303 Diarium des Generalsuperintendenten Adam Struensee 1772

304 Diarium des Generalsuperintendenten Adam Struensee 1773

305 Diarium des Generalsuperintendenten Adam Struensee 1774

306 Diarium des Generalsuperintendenten Adam Struensee 1775

307 Diarium des Generalsuperintendenten Adam Struensee 1776

308 Diarium des Generalsuperintendenten Adam Struensee 1777-1779

309 Diarium des Generalsuperintendenten Adam Struensee 1779-1781

310 Diarium des Generalsuperintendenten Adam Struensee 1782-1785

311 Diarium des Generalsuperintendenten Adam Struensee 1786-1790

312 Bedenken des Generalsuperintendenten Adam Struensee an die Oberkonsistorien in Gottorf und Glückstadt 1760-1763

313 Bedenken des Generalsuperintendenten Adam Struensee an die Oberkonsistorien in Gottorf und Glückstadt 1763-1768

314 Bedenken des Generalsuperintendenten Adam Struensee an die Oberkonsistorien in Gottorf und Glückstadt 1769-1770

315 Bedenken des Generalsuperintendenten Adam Struensee an die Oberkonsistorien in Gottorf und Glückstadt 1770-1772

316 Bedenken des Generalsuperintendenten Adam Struensee an die Oberkonsistorien in Gottorf und Glückstadt 1773-1775

317 Bedenken des Generalsuperintendenten Adam Struensee an die Oberkonsistorien in Gottorf und Glückstadt 1776-1778

318 Bedenken des Generalsuperintendenten Adam Struensee an die Oberkonsistorien in Gottorf und Glückstadt 1779-Februar 1781

319 Bedenken des Generalsuperintendenten Adam Struensee an die Oberkonsistorien in Gottorf und Glückstadt März 1781-Januar 1784

320 Bedenken des Generalsuperintendenten Adam Struensee an die Oberkonsistorien in Gottorf und Glückstadt Februar-Dezember 1784

321 Bedenken des Generalsuperintendenten Adam Struensee an die Oberkonsistorien in Gottorf und Glückstadt 1785

322 Bedenken des Generalsuperintendenten Adam Struensee an die Oberkonsistorien in Gottorf und Glückstadt 1786

323 Bedenken des Generalsuperintendenten Adam Struensee an die Oberkonsistorien in Gottorf und Glückstadt 1787

324 Bedenken des Generalsuperintendenten Adam Struensee an die Oberkonsistorien in Gottorf und Glückstadt 1788

325 Bedenken des Generalsuperintendenten Adam Struensee an die Oberkonsistorien in Gottorf und Glückstadt 1789

326 Bedenken des Generalsuperintendenten Adam Struensee an die Oberkonsistorien in Gottorf und Glückstadt 1790-April 1791

327 Quartalsberichte des Generalsuperintendenten Adam Struensee an die Deutsche Kanzlei 1777-1790

328 Zwei Notizbücher des Generalsuperintendenten Adam Struensee mit Notizen über die Generalkirchenvisitation 1758 und Bemerkungen zu einzelnen Gemeinden 1760

Generalsuperintendent Jacob Georg Christian Adler

331 Voten des Generalsuperintendenten Jacob Georg Christian Adler an das Oberkonsistorium in Glückstadt 1808-1810

332 Voten des Generalsuperintendenten Jacob Georg Christian Adler an das Oberkonsistorium in Glückstadt 1811-1812

333 Voten des Generalsuperintendenten Jacob Georg Christian Adler an das Oberkonsistorium in Glückstadt 1813-1814

334 Voten des Generalsuperintendenten Jacob Georg Christian Adler an das Oberkonsistorium in Glückstadt 1815

335 Voten des Generalsuperintendenten Jacob Georg Christian Adler an das Oberkonsistorium in Glückstadt 1816

336 Voten des Generalsuperintendenten Jacob Georg Christian Adler an das Oberkonsistorium in Glückstadt 1817

337 Voten des Generalsuperintendenten Jacob Georg Christian Adler an das Oberkonsistorium in Glückstadt 1818

338 Voten des Generalsuperintendenten Jacob Georg Christian Adler an das Oberkonsistorium in Glückstadt 1819

339 Voten des Generalsuperintendenten Jacob Georg Christian Adler an das Oberkonsistorium in Glückstadt 1820

340 Voten des Generalsuperintendenten Jacob Georg Christian Adler an das Oberkonsistorium in Glückstadt 1821

341 Voten des Generalsuperintendenten Jacob Georg Christian Adler an das Oberkonsistorium in Glückstadt 1822

342 Voten des Generalsuperintendenten Jacob Georg Christian Adler an das Oberkonsistorium in Glückstadt 1823

343 Voten des Generalsuperintendenten Jacob Georg Christian Adler an das Oberkonsistorium in Glückstadt 1824

344 Voten des Generalsuperintendenten Jacob Georg Christian Adler an das Oberkonsistorium in Glückstadt 1825

345 Voten des Generalsuperintendenten Jacob Georg Christian Adler an das Oberkonsistorium in Glückstadt 1826

346 Voten des Generalsuperintendenten Jacob Georg Christian Adler an das Oberkonsistorium in Glückstadt 1827

347 Voten des Generalsuperintendenten Jacob Georg Christian Adler an das Oberkonsistorium in Glückstadt 1828

348 Voten des Generalsuperintendenten Jacob Georg Christian Adler an das Oberkonsistorium in Glückstadt 1829

349 Voten des Generalsuperintendenten Jacob Georg Christian Adler an das Oberkonsistorium in Glückstadt 1830

350 Voten des Generalsuperintendenten Jacob Georg Christian Adler an das Oberkonsistorium in Glückstadt 1831

351 Voten des Generalsuperintendenten Jacob Georg Christian Adler an das Oberkonsistorium in Glückstadt 1832

352 Voten des Generalsuperintendenten Jacob Georg Christian Adler an das Oberkonsistorium in Glückstadt 1833

353 Voten des Generalsuperintendenten Jacob Georg Christian Adler an das Oberkonsistorium in Glückstadt 1834

354 Resolutionen und Bescheide an den Generalsuperintendenten Jacob Georg Christian Adler 1809-1813

355 Resolutionen und Bescheide an den Generalsuperintendenten Jacob Georg Christian Adler 1814-1819

356 Resolutionen und Bescheide an den Generalsuperintendenten Jacob Georg Christian Adler 1820-1825

357 Resolutionen und Bescheide an den Generalsuperintendenten Jacob Georg Christian Adler 1826-1829

358 Resolutionen und Bescheide an den Generalsuperintendenten Jacob Georg Christian Adler 1829-1833
Enthält auch: Rede zur Einweihung des neuen Schullokals in Kappeln, 1828

359 Resolutionen und Bescheide an den Generalsuperintendenten Jacob Georg Christian Adler 1833-1834

Bischof Wilhelm Heinrich Koopmann

360 Persönliche Verhältnisse des Bischofs Wilhelm Heinrich Koopmann 1839, 1854-1861

Kirchenvisitatorium und Pröpste

1076 Spezialkirchenvisitationen und -visitatoren 1695, 1722-1780, 1813

361 Besetzung von Propstenstellen 1835-1864

362 Vorübergehende Verwaltung der Propsteien 1838-1863

363 Gehalt der Pröpste 1811-1812, 1843-1864

364 Verhältnis der Kirchenvisitatoren zum Patronat 1836-1851

365 Stellung der Kirchenvisitatoren 1838-1841

366 Verhältnis der Kirchenvisitatoren zueinander 1839-1862

367 Kirchenvisitation in den adligen Distrikten 1836-1839

368 Einrichtung eines Visitatoriums für Kiel 1839-1840

369 Spezialkirchenvisitation 1835-1866

Kirchenvisitation

Allgemeines

67 Einrichtung der Generalkirchenvisitation 1793-1799

68 Kosten der Generalkirchenvisitation 1734-1767, 1845-1866

Gottorfische Generalkirchenvisitation

71 Zusammenstellung des Generalsuperintendenten Gustav Christoph Hoßmann von Nachrichten über die holsteinischen Kirchen anhand der Visitationsprotokolle und Urkunden aus dem Archiv des Generalsuperintendenten 1766

Enthält u. a.: biografische Notizen über die Generalsuperintendenten der Herzogtümer Schleswig und Holstein sowie Verzeichnisse der Kandidaten

1051 Gottorfische Generalkirchenvisitation: Protokolle und Berichte 1635-1764

1047 Gottorfische Generalkirchenvisitation: Ausschreibung der General- und Spezialkirchenvisitationen 1640-1766

1056 Gottorfische Generalkirchenvisitation: Verfügungen auf die Visitationsberichte vor 1659, 1742-1779

1053 Gottorfische Generalkirchenvisitation (1682) 1687-1744

Enthält u. a.: Beantwortung von Visitationsfragen; Visitationsprotokoll, 1738

1054 Gottorfische Generalkirchenvisitation: Bruchstücke von Akten des Generalsuperintendenten Friedrich Franz Hasselmann in Neumünster (1638, 1730-) 1766-1782

Enthält u. a.: Notizbuch mit Einträgen zu den Kirchen, 1772-1774; Bericht zur Generalkirchenvisitation in den adligen und klösterlichen Distrikten, 1638
Darin: gedruckte Gebete, 1768; Kriegsartikel von der Miliz, 1730; gottorfische Rangordnung, 1739

70 Beschwerde des Generalsuperintendenten Hinrich Muhlius beim Herzog von Gottorf wegen der Schrift „Chiliasten Freund und Sabbath Feind" des Pastors Siegfried Benz in Schenefeld im Amt Rendsburg 1702

1055 Gottorfische Generalkirchenvisitation: Protokolle des Pastors Albert Schröder in Neumünster als Verwalter der Generalsuperintendentur 1786-1792

Königliche Generalkirchenvisitation

1057 Königliche Generalkirchenvisitation 1634-1723

Enthält u. a.: Visitationsfragen; Berichte; Protokolle

1058 Königliche Generalkirchenvisitation (1710-) 1724-1737

Enthält auch: Visitationsangelegenheiten des Herzogtums Schleswig mit Kirchenrechnungen

1059 Königliche Generalkirchenvisitation: Diarium des Generalsuperintendenten Christian von Stöcken 1679-1684

Enthält auch: Herzogtum Schleswig

72 Königliche Generalkirchenvisitation: Visitationsausschreibungen, Berichte, Reskripte, Verfügungen 1645-1728

Enthält u. a.: Berichte des bischöflich-eutinischen Superintendenten Daniel Janus, 1645-1651; Kirchenrechnung der Christkirche in Rendsburg, 1723; pietistische Streitigkeiten
Mit Inhaltsverzeichnis

1060 Königliche Generalkirchenvisitation (1723-) 1730-1733

Enthält auch: Herzogtum Schleswig

1061 Königliche Generalkirchenvisitation (1726-) 1734-1737

Enthält u. a.: Kirchturmbau in Schenefeld (mit Rechnungen)
Enthält auch: Herzogtum Schleswig

1062 Königliche Generalkirchenvisitation: Propstei Rendsburg und Herzogtum Schleswig (1732-) 1738

84 Generalkirchenvisitation: Berichte des Generalsuperintendenten Johann Leonhard Callisen 1793-1800

85 Generalkirchenvisitation: Berichte des Generalsuperintendenten Johann Leonhard Callisen 1801-1806

100 Generalkirchenvisitation 1813-1840

Enthält u. a.: Bericht über öffentliche Kinderlehren in der Kirche in Schlamersdorf, 1800; Ankündigung und Termine für die Visitation in den Propsteien Stormarn und Kiel, 1813; Kirchenkasse in Großenaspe, 1826; adlige Kirchen in Selent, Lebrade und Lehmkuhlen, 1831; Propstei Münsterdorf, 1829-1832; Kirchenkapital in Tellingstedt, 1834; Stundenplan der Schule in Schlotfeld, 1837/38; Schulen in Wandsbek, 1840

1048 Königliche Generalsuperintendentur: Ausschreibung der General- und Spezialkirchenvisitationen 1686-1746

1049 Königliche Generalsuperintendentur: Ausschreibung der General- und Spezialkirchenvisitationen 1747-1805

1050 Generalkirchenvisitation: Ausschreibung der General- und Spezialkirchenvisitationen 1809-1833

97 Generalkirchenvisitation: Ausschreibungen, Verfügungen, Berichte 1836-1853

1003 Generalkirchenvisitation: Ausschreibungen und Berichte 1839-1840

1004 Generalkirchenvisitation: Ausschreibungen und Berichte 1841-1842

1005 Generalkirchenvisitation: Ausschreibungen und Berichte 1843-1845

1006 Generalkirchenvisitation: Ausschreibungen und Berichte 1846-1847

1007 Generalkirchenvisitation: Ausschreibungen und Berichte 1848-1851

1008 Generalkirchenvisitation: Ausschreibungen und Berichte 1855-1862

94 Generalkirchenvisitation: ehemalige großfürstliche und gemeinschaftliche Kirchen 1810-1834

88 Generalkirchenvisitation: Propsteien Rantzau 1813, Pinneberg 1813 und Norderdithmarschen 1813-1833 1813-1833

1010 Generalkirchenvisitation: Propsteien Oldenburg, Pinneberg, Altona, Plön und Rendsburg 1854-1855

Generalkirchenvisitation in den Propsteien

121 Generalkirchenvisitation in der Propstei Altona: Berichte der Prediger und Schullehrer (1838) 1839
Darin: gedruckter Prospekt zu Einrichtung und Unterrichtsgegenständen der Schule der Mennonitengemeinde und der Mädchenschule, 1838

122 Generalkirchenvisitation in der Propstei Altona: Berichte der Prediger und Schullehrer (1843-) 1845
Darin: gedruckte Jahresberichte der Lehr- und Erziehungsanstalt, 1843-1845

123 Generalkirchenvisitation in der Propstei Altona: Berichte der Prediger und Schullehrer 1842

124 Generalkirchenvisitation in der Propstei Altona: Berichte der Prediger und Schullehrer (1846-) 1848 (-1851)
Darin: gedruckte Jahresberichte der Lehr- und Erziehungsanstalt, 1846-1851

125 Generalkirchenvisitation in der Propstei Altona: Berichte der Prediger und Schullehrer 1851

126 Generalkirchenvisitation in der Propstei Altona: Berichte der Prediger und Schullehrer 1854

127 Generalkirchenvisitation in der Propstei Altona: Berichte der Prediger und Schullehrer 1857

128 Generalkirchenvisitation in der Propstei Altona: Berichte der Prediger und Schullehrer 1860

129 Generalkirchenvisitation in der Propstei Altona: Berichte der Prediger und Schullehrer 1863

130 Generalkirchenvisitation in der Propstei Altona: Berichte der Prediger und Schullehrer 1875

131 Generalkirchenvisitation in der Propstei Kiel: Berichte der Prediger und Schullehrer (1834-) 1838

132 Generalkirchenvisitation in der Propstei Kiel: Berichte der Prediger und Schullehrer (1839-) 1841

133 Generalkirchenvisitation in der Propstei Kiel: Berichte der Prediger und Schullehrer 1844

134 Generalkirchenvisitation in der Propstei Kiel: Berichte der Prediger und Schullehrer 1847
Darin: Verzeichnis der Mitglieder des königlichen Armendirektoriums, der Gesellschaft freiwilliger Armenfreunde und des Verwaltungspersonals, 1847

135 Generalkirchenvisitation in der Propstei Kiel: Berichte der Prediger und Schullehrer 1850

136 Generalkirchenvisitation in der Propstei Kiel: Berichte der Prediger und Schullehrer 1853

137 Generalkirchenvisitation in der Propstei Kiel: Berichte der Prediger und Schullehrer (1854) 1856
Darin: „Correspondenzblatt und Kieler Wochenblatt" vom 7. Juni 1854

1009 Generalkirchenvisitation: Propstei Kiel 1853

138 Generalkirchenvisitation in der Propstei Kiel: Berichte der Prediger und Schullehrer (1854-) 1859

139 Generalkirchenvisitation in der Propstei Kiel: Berichte der Prediger und Schullehrer 1862

140 Generalkirchenvisitation in der Propstei Kiel: Berichte der Prediger und Schullehrer 1865

141 Generalkirchenvisitation in der Propstei Kiel: Berichte der Prediger und Schullehrer 1874

142 Generalkirchenvisitation in der Propstei Kiel: Berichte der Prediger und Schullehrer 1875

143 Generalkirchenvisitation in der Propstei Kiel: Berichte der Prediger und Schullehrer 1878

74 Generalkirchenvisitation: Propstei Münsterdorf 1740-1760

76 Generalkirchenvisitation: Propstei Münsterdorf 1763-1769

75 Generalkirchenvisitation: Propstei Münsterdorf 1772-1790

86 Generalkirchenvisitation: Propstei Münsterdorf mit Haselau und Haseldorf 1809-1834

144 Generalkirchenvisitation in der Propstei Münsterdorf: Berichte der Prediger und Schullehrer 1838

145 Generalkirchenvisitation in der Propstei Münsterdorf: Berichte der Prediger und Schullehrer 1841

146 Generalkirchenvisitation in der Propstei Münsterdorf: Berichte der Prediger und Schullehrer (1817-) 1844

147 Generalkirchenvisitation in der Propstei Münsterdorf: Berichte der Prediger und Schullehrer 1847

148 Generalkirchenvisitation in der Propstei Münsterdorf: Berichte der Prediger und Schullehrer 1850

149 Generalkirchenvisitation in der Propstei Münsterdorf: Berichte der Prediger und Schullehrer 1853

150 Generalkirchenvisitation in der Propstei Münsterdorf: Berichte der Prediger und Schullehrer 1856

151 Generalkirchenvisitation in der Propstei Münsterdorf: Berichte der Prediger und Schullehrer 1859

152 Generalkirchenvisitation in der Propstei Münsterdorf: Berichte der Prediger und Schullehrer (1861) 1862
Darin: Regulativ des Friedhofs in Horst, 1861; Predigt und Altarrede bei Einweihung der Orgel in Horst, 1861

153 Generalkirchenvisitation in der Propstei Münsterdorf: Berichte der Prediger und Schullehrer 1865

154 Generalkirchenvisitation in der Propstei Münsterdorf: Berichte der Prediger und Schullehrer 1875

155 Generalkirchenvisitation in der Propstei Norderdithmarschen: Berichte der Prediger und Schullehrer (1828) 1837
Darin: gedruckte Schulordnung für Heide, 1828

156 Generalkirchenvisitation in der Propstei Norderdithmarschen: Berichte der Prediger und Schullehrer (1837) 1840
Darin: gedruckte Statuten der Spar- und Leihkasse in Heide, 1837

157 Generalkirchenvisitation in der Propstei Norderdithmarschen: Berichte der Prediger und Schullehrer 1843

158 Generalkirchenvisitation in der Propstei Norderdithmarschen: Berichte der Prediger und Schullehrer 1846

159 Generalkirchenvisitation in der Propstei Norderdithmarschen: Berichte der Prediger und Schullehrer 1849

160 Generalkirchenvisitation in der Propstei Norderdithmarschen: Berichte der Prediger und Schullehrer (1851) 1852

161 Generalkirchenvisitation in der Propstei Norderdithmarschen: Berichte der Prediger und Schullehrer (1852) 1856
Darin: „Dithmarscher Blätter für Deutsche und Schleswig-Holsteinische Zustände" vom 24. Juli 1852

162 Generalkirchenvisitation in der Propstei Norderdithmarschen: Berichte der Prediger und Schullehrer 1858

163 Generalkirchenvisitation in der Propstei Norderdithmarschen: Berichte der Prediger und Schullehrer 1861

164 Generalkirchenvisitation in der Propstei Norderdithmarschen: Berichte der Prediger und Schullehrer 1864

165 Generalkirchenvisitation in der Propstei Norderdithmarschen: Berichte der Prediger und Schullehrer 1873

166 Generalkirchenvisitation in der Propstei Norderdithmarschen: Berichte der Prediger und Schullehrer (1875) 1877
Darin: gedruckter Verwaltungsbericht der Stadt Heide, 1875

89 Generalkirchenvisitation: Propstei Oldenburg 1814-1834

95 Generalkirchenvisitation: Propstei Oldenburg 1813-1824

99 Generalkirchenvisitation: Bericht des Propstes Franz Adolph Schrödter in Oldenburg 1834
Darin: Zeichnung des Propsteiarchivschranks

167 Generalkirchenvisitation in der Propstei Oldenburg: Berichte der Prediger und Schullehrer 1836

168 Generalkirchenvisitation in der Propstei Oldenburg: Berichte der Prediger und Schullehrer 1839

169 Generalkirchenvisitation in der Propstei Oldenburg: Berichte der Prediger und Schullehrer 1842

170 Generalkirchenvisitation in der Propstei Oldenburg: Berichte der Prediger und Schullehrer (1842-) 1845

171 Generalkirchenvisitation in der Propstei Oldenburg: Berichte der Prediger und Schullehrer 1848

172 Generalkirchenvisitation in der Propstei Oldenburg: Berichte der Prediger und Schullehrer 1851

173 Generalkirchenvisitation in der Propstei Oldenburg: Berichte der Prediger und Schullehrer 1854

174 Generalkirchenvisitation in der Propstei Oldenburg: Berichte der Prediger und Schullehrer (1845-) 1857

175 Generalkirchenvisitation in der Propstei Oldenburg: Berichte der Prediger und Schullehrer 1860

176 Generalkirchenvisitation in der Propstei Oldenburg: Berichte der Prediger und Schullehrer 1863

177 Generalkirchenvisitation in der Propstei Oldenburg: Berichte der Prediger und Schullehrer 1866

178 Generalkirchenvisitation in der Propstei Oldenburg: Berichte der Prediger und Schullehrer 1874

179 Generalkirchenvisitation in der Propstei Oldenburg: Berichte der Prediger und Schullehrer 1878

180 Generalkirchenvisitation in der Propstei Pinneberg: Berichte der Prediger und Schullehrer 1839
Darin: gedruckte Instruktion für die Kirchenjuraten der Propstei

181 Generalkirchenvisitation in der Propstei Pinneberg: Berichte der Prediger und Schullehrer 1842

182 Generalkirchenvisitation in der Propstei Pinneberg: Berichte der Prediger und Schullehrer 1845

183 Generalkirchenvisitation in der Propstei Pinneberg: Berichte der Prediger und Schullehrer 1848

184 Generalkirchenvisitation in der Propstei Pinneberg: Berichte der Prediger und Schullehrer 1851

185 Generalkirchenvisitation in der Propstei Pinneberg: Berichte der Prediger und Schullehrer 1854

186 Generalkirchenvisitation in der Propstei Pinneberg: Berichte der Prediger und Schullehrer 1857

187 Generalkirchenvisitation in der Propstei Pinneberg: Berichte der Prediger und Schullehrer 1860

188 Generalkirchenvisitation in der Propstei Pinneberg: Berichte der Prediger und Schullehrer 1863

189 Generalkirchenvisitation in der Propstei Pinneberg: Berichte der Prediger und Schullehrer 1866

190 Generalkirchenvisitation in der Propstei Pinneberg: Berichte der Prediger und Schullehrer 1873

191 Generalkirchenvisitation in der Propstei Pinneberg: Berichte der Prediger und Schullehrer 1877

1064 Generalkirchenvisitation: Propstei Plön 1763-1788

96 Generalkirchenvisitation: Propstei Plön 1810-1832

192 Generalkirchenvisitation in der Propstei Plön: Berichte der Prediger und Schullehrer 1836

193 Generalkirchenvisitation in der Propstei Plön: Berichte der Prediger und Schullehrer 1839

194 Generalkirchenvisitation in der Propstei Plön: Berichte der Prediger und Schullehrer 1842

195 Generalkirchenvisitation in der Propstei Plön: Berichte der Prediger und Schullehrer 1845
Darin: gedruckter Bericht zur Gelehrtenschule in Plön mit Prüfungsankündigung, 1844/45

196 Generalkirchenvisitation in der Propstei Plön: Berichte der Prediger und Schullehrer 1851

197 Generalkirchenvisitation in der Propstei Plön: Berichte der Prediger und Schullehrer (1850-) 1854

198 Generalkirchenvisitation in der Propstei Plön: Berichte der Prediger und Schullehrer 1857

199 Generalkirchenvisitation in der Propstei Plön: Berichte der Prediger und Schullehrer (1858-) 1860
Darin: gedrucktes Regulativ für die Armenanstalt des Kirchspiels Zarpen, 1858

200 Generalkirchenvisitation in der Propstei Plön: Berichte der Prediger und Schullehrer 1863

201 Generalkirchenvisitation in der Propstei Plön: Berichte der Prediger und Schullehrer 1866

202 Generalkirchenvisitation in der Propstei Plön: Berichte der Prediger und Schullehrer 1875

90 Generalkirchenvisitation: Protokoll der Propstei Rantzau 1818-1853

203 Generalkirchenvisitation in der Propstei Rantzau: Berichte der Prediger und Schullehrer 1838

204 Generalkirchenvisitation in der Propstei Rantzau: Berichte der Prediger und Schullehrer 1841

205 Generalkirchenvisitation in der Propstei Rantzau: Berichte der Prediger und Schullehrer 1844

206 Generalkirchenvisitation in der Propstei Rantzau: Berichte der Prediger und Schullehrer 1847

207 Generalkirchenvisitation in der Propstei Rantzau: Berichte der Prediger und Schullehrer 1850

208 Generalkirchenvisitation in der Propstei Rantzau: Berichte der Prediger und Schullehrer 1853

209 Generalkirchenvisitation in der Propstei Rantzau: Berichte der Prediger und Schullehrer 1856

210 Generalkirchenvisitation in der Propstei Rantzau: Berichte der Prediger und Schullehrer 1859

211 Generalkirchenvisitation in der Propstei Rantzau: Berichte der Prediger und Schullehrer 1862

212 Generalkirchenvisitation in der Propstei Rantzau: Berichte der Prediger und Schullehrer 1865

213 Generalkirchenvisitation in der Propstei Rantzau: Berichte der Prediger und Schullehrer 1875

79 Generalkirchenvisitation: Propstei Rendsburg 1737-1756, 1789, 1811-1847

92 Generalkirchenvisitation: Propstei Rendsburg 1811-1836

214 Generalkirchenvisitation in der Propstei Rendsburg: Berichte der Prediger und Schullehrer 1836

215 Generalkirchenvisitation in der Propstei Rendsburg: Berichte der Prediger und Schullehrer 1839

216 Generalkirchenvisitation in der Propstei Rendsburg: Berichte der Prediger und Schullehrer 1842

217 Generalkirchenvisitation in der Propstei Rendsburg: Berichte der Prediger und Schullehrer 1845

218 Generalkirchenvisitation in der Propstei Rendsburg: Berichte der Prediger und Schullehrer (1846-) 1848

219 Generalkirchenvisitation in der Propstei Rendsburg: Berichte der Prediger und Schullehrer 1851

220 Generalkirchenvisitation in der Propstei Rendsburg: Berichte der Prediger und Schullehrer 1854

221 Generalkirchenvisitation in der Propstei Rendsburg: Berichte der Prediger und Schullehrer 1857

222 Generalkirchenvisitation in der Propstei Rendsburg: Berichte der Prediger und Schullehrer 1860

223 Generalkirchenvisitation in der Propstei Rendsburg: Berichte der Prediger und Schullehrer 1863

224 Generalkirchenvisitation in der Propstei Rendsburg: Berichte der Prediger und Schullehrer 1866

225 Generalkirchenvisitation in der Propstei Rendsburg: Berichte der Prediger 1873

226 Generalkirchenvisitation in der Propstei Rendsburg: Berichte der Prediger 1877

1065 Generalkirchenvisitation: Propstei Segeberg 1739-1761

1066 Generalkirchenvisitation: Propstei Segeberg 1765-1782

78 Generalkirchenvisitation: Propstei Segeberg 1794
Enthält: Widerspenstigkeiten der Gemeinde in Kaltenkirchen

93 Generalkirchenvisitation: Propstei Segeberg 1810-1837

227 Generalkirchenvisitation in der Propstei Segeberg: Berichte der Prediger und Schullehrer 1837

228 Generalkirchenvisitation in der Propstei Segeberg: Berichte der Prediger und Schullehrer 1840

229 Generalkirchenvisitation in der Propstei Segeberg: Berichte der Prediger und Schullehrer 1842

230 Generalkirchenvisitation in der Propstei Segeberg: Berichte der Prediger und Schullehrer 1849

231 Generalkirchenvisitation in der Propstei Segeberg: Berichte der Prediger und Schullehrer 1852

232 Generalkirchenvisitation in der Propstei Segeberg: Berichte der Prediger und Schullehrer 1858

233 Generalkirchenvisitation in der Propstei Segeberg: Berichte der Prediger und Schullehrer 1861

234 Generalkirchenvisitation in der Propstei Segeberg: Berichte der Prediger und Schullehrer 1864

235 Generalkirchenvisitation in der Propstei Segeberg: Berichte der Prediger und Schullehrer 1874

236 Generalkirchenvisitation in der Propstei Segeberg: Berichte der Prediger und Schullehrer 1878

73 Generalkirchenvisitation: Propstei Stormarn 1733-1781, 1815-1832

91 Generalkirchenvisitation: Propstei Stormarn 1816-1837

237 Generalkirchenvisitation in der Propstei Stormarn: Berichte der Prediger und Schullehrer (1833) 1837

238 Generalkirchenvisitation in der Propstei Stormarn: Berichte der Prediger und Schullehrer 1840

239 Generalkirchenvisitation in der Propstei Stormarn: Berichte der Prediger und Schullehrer (1839-) 1843
Darin: gedruckte Nachrichten zur Armenversorgung in Wandsbek, 1839-1842

240 Generalkirchenvisitation in der Propstei Stormarn: Berichte der Prediger und Schullehrer 1849 (-1851)
Darin: Kommunalausgaben der Ämter Reinbek und Trittau, 1849-1851

241 Generalkirchenvisitation in der Propstei Stormarn: Berichte der Prediger und Schullehrer 1852

242 Generalkirchenvisitation in der Propstei Stormarn: Berichte der Prediger und Schullehrer (1852-) 1855
Darin: Kommunalausgaben des Amtes Trittau, 1852-1855

243 Generalkirchenvisitation in der Propstei Stormarn: Berichte der Prediger und Schullehrer 1858

244 Generalkirchenvisitation in der Propstei Stormarn: Berichte der Prediger und Schullehrer 1861
Darin: Kommunalausgaben des Amtes Trittau, 1858-1860

245 Generalkirchenvisitation in der Propstei Stormarn: Berichte der Prediger und Schullehrer 1864

246 Generalkirchenvisitation in der Propstei Stormarn: Berichte der Prediger und Schullehrer 1875

1063 Generalkirchenvisitation: Propstei Süderdithmarschen 1740-1790
Enthält auch: Propstei Münsterdorf, 1740

77 Generalkirchenvisitation: Propstei Süderdithmarschen 1740

87 Generalkirchenvisitation: Propstei Süderdithmarschen 1809-1834

98 Generalkirchenvisitation: Protokoll der Propstei Süderdithmarschen 1840

247 Generalkirchenvisitation in der Propstei Süderdithmarschen: Berichte der Prediger und Schullehrer 1837

248 Generalkirchenvisitation in der Propstei Süderdithmarschen: Berichte der Prediger und Schullehrer 1840

249 Generalkirchenvisitation in der Propstei Süderdithmarschen: Berichte der Prediger und Schullehrer 1843

250 Generalkirchenvisitation in der Propstei Süderdithmarschen: Berichte der Prediger und Schullehrer 1846

251 Generalkirchenvisitation in der Propstei Süderdithmarschen: Berichte der Prediger und Schullehrer 1849

252 Generalkirchenvisitation in der Propstei Süderdithmarschen: Berichte der Prediger und Schullehrer 1852

253 Generalkirchenvisitation in der Propstei Süderdithmarschen: Berichte der Prediger und Schullehrer 1855

254 Generalkirchenvisitation in der Propstei Süderdithmarschen: Berichte der Prediger und Schullehrer 1858

255 Generalkirchenvisitation in der Propstei Süderdithmarschen: Berichte der Prediger und Schullehrer 1861

256 Generalkirchenvisitation in der Propstei Süderdithmarschen: Berichte der Prediger und Schullehrer 1864

257 Generalkirchenvisitation in der Propstei Süderdithmarschen: Berichte der Prediger 1873

258 Generalkirchenvisitation in der Propstei Süderdithmarschen: Berichte der Prediger und Schullehrer 1877

69 Generalkirchenvisitation: Bericht des gottorfischen Generalsuperintendenten Jacob Fabricius über die adligen Kirchen in den Herzogtümern Schleswig und Holstein 1639

81 Generalkirchenvisitation: gemeinschaftlich adlige Distrikte 1739-1749
Darin: Aufruf zur Kollekte für das abgebrannte Stift Bronnen, 1746; geistliche Druckschrift des Stiftsinspektors Johannes Andreas Krafft, 1745

82 Generalkirchenvisitation: gemeinschaftlich adlige Distrikte 1751-1773

83 Generalkirchenvisitation: Nachrichten des Generalsuperintendenten Adam Struensee über die adligen Kirchen sowie Schulen in den adligen Distrikten 1769-1771

Visitatoriumsangelegenheiten einzelner Gemeinden

1152 Visitatoriumsangelegenheiten: Altenkrempe 1605-1655, 1703, 1770-1779
Enthält u. a.: Gemütskrankheit des Pastors Andreas Jacob Friedrich Mau, 1779

101 Visitatoriumsangelegenheiten: Propstei und Stadt Altona mit Ottensen 1836-1853

1153 Visitatoriumsangelegenheiten: Barkau 1633-1779
Enthält vor allem: Besitz- und Rechtsverhältnisse

1154 Visitatoriumsangelegenheiten: Bordesholm 1619-1796

1155 Visitatoriumsangelegenheiten: Kirche in Brügge 1601-1780
Enthält u. a.: Kirchenrechnungen, 1643-1670, 1704, 1708; Kirchenbaurechnung, 1707

102 Visitatoriumsangelegenheiten: Elmschenhagen 1641, 1705-1746

104 Visitatoriumsangelegenheiten: Zuchthausprediger und Zuchthausgemeinde in Glückstadt 1835-1849

105 Visitatoriumsangelegenheiten: Anstellung eines Katecheten in der Zuchthausgemeinde in Glückstadt (1834) 1843-1850
Enthält u. a.: Entwurf zu einer Instruktion zur Verwaltung des Kirchen- und Schulwesens in den Strafanstalten

103 Visitatoriumsangelegenheiten: Schloss- und Garnisonsgemeinde Glückstadt 1854-1855
Enthält: Vakanz und Verwaltung der Schlosspredigerstelle; Verbindung mit der Stadt- und Landgemeinde; Elementarschule (mit Verzeichnis der Schülerzahlen seit 1837)

107 Visitatoriumsangelegenheiten: Grömitz 1738-1806

106 Visitatoriumsangelegenheiten: Großenaspe
[um 1675] 1736-1778, 1805-1806

1156 Visitatoriumsangelegenheiten: Groß Flintbek 1591-1802
Enthält u. a.: Kirchenrechnungen, 1591-1680, 1722-1801; Abschriften des Taufregisters, 1682-1802, des Sterberegisters, 1687-1802, und des Konfirmandenregisters, 1772-1802

108 Visitatoriumsangelegenheiten: Grube 1674, 1711-1780, 1804-1806

80 Visitatoriumsangelegenheiten: Haselau und Haseldorf 1779-1790

109 Visitatoriumsangelegenheiten: Einkünfte des Pastors in Kellinghusen aus dem Amt Neumünster 1736-1737

110 Visitatoriumsangelegenheiten: Lebrade 1596, 1642, 1699-1774
Enthält u. a.: Bericht aus dem Kirchenbuch zum Gnadenjahr, 1596

1157 Visitatoriumsangelegenheiten: Lensahn 1641-1642, 1709-1806
Enthält u. a.: Berichte von 1641 und 1642

111 Visitatoriumsangelegenheiten: Lütjenburg 1638-1771
Enthält u. a.: Streitigkeiten zwischen Pastor und Magistrat wegen verschiedener Angelegenheiten, 1638

1158 Visitatoriumsangelegenheiten: Neukirchen (Propstei Oldenburg) 1583, 1636-1647, 1711-1806

112 Visitorialangelegenheiten: Neumünster 1615-1804, 1831
Enthält: Besetzung der Predigerstellen und Gnadenjahr, 1643-1802; Organisten und Küster, 1703-1803; Kirchenrechnungswesen, 1621-1803; Kirchengebäude, 1767-1776; Kirchenstühle und Gräber, 1615-1765; Amtshandlungen, 1617-1793, 1831; Beantwortung der Visitationsfrage, 1709, 1802; sonstige Visitorialangelegenheiten, 1625-1683; Schul- und Kirchenangelegenheiten, 1736-1804; Armenwesen, 1740-1776; Zuchthaus, 1736-1799
Darin: Zeichnung eines herrschaftlichen Kirchenstuhls, 1737

113 Visitorialangelegenheiten: Oldenburg 1561, 1673-1796
Enthält: Differenzen zwischen Heiligenhafen und Oldenburg, 1561; Kirchenrechnungswesen (mit Auszügen aus Kirchenbuch und Kirchenrechnungsbuch von 1589 bis 1724), 1735-1796; Besetzung der Predigerstelle, 1673-1781

1052 Generalkirchenvisitation: Flecken und Kloster Preetz 1638-1642, 1737-1777

114 Visitatoriumsangelegenheiten: Kloster Preetz 1841-1863
Enthält u. a.: Grenze zwischen Kloster- und Fleckensgemeinde

115 Visitatoriumsangelegenheiten: Testament der Priörin Elisabeth von Ahlefeldt in Preetz (1723-) 1738, 1756

116 Visitatoriumsangelegenheiten: Stadtgemeinde Preetz 1639-1642, 1705-1708, 1776, 1802

117 Visitatoriumsangelegenheiten: Land- und Stadtschule in Preetz 1755-1763

118 Visitatoriumsangelegenheiten: Probsteierhagen 1641-1651, 1707, 1769-1802
Enthält u. a.: Nachrichten über die Schule (mit Aufstellung der Schülerzahlen), 1776

119 Visitatoriumsangelegenheiten: Reinbek 1855-1863
Enthält: Aufstellung der Anzahl der Einwohner und Schulkinder des Kirchspiels Steinbek; Gottesdienst in der Kapelle
Darin: Karte des Kirchspiels Steinbek

120 Visitatoriumsangelegenheiten: Gottesdienst für die Karrengefangenen in Rendsburg 1839-1850

1160 Visitatoriumsangelegenheiten: Schönberg 1637-1780
Enthält u. a.: Berichte von 1641 und 1642

1161 Visitatoriumsangelegenheiten: Schönkirchen 1630-1801
Enthält u. a.: Berichte von 1641 und 1642

1162 Visitatoriumsangelegenheiten: Selent 1641-1794
Enthält u. a.: Berichte von 1641 und 1642

Kandidaten der Theologie

1099 Kandidaten der Theologie 1601, 1695-1834
Darin: gedruckte Verordnungen und Bekanntmachungen

1101 Kandidaten der Theologie 1777-1815
Enthält u. a.: Auszüge aus Examinationsprotokollen; Verzeichnisse examinierter und ordinierter Kandidaten

1102 Kandidaten der Theologie 1809-1833
Enthält u. a.: Auszüge aus Kandidatenabhandlungen, Abschrift der schriftlichen Fragen und mündliches Examen sowie die Benotung

1103 Stipendien für Studierende 1703, 1775-1834
Enthält u. a.: Verzeichnisse der Stipendiaten

1100 Examensverzeichnisse der Kandidaten der Theologie in den Herzogtümern Schleswig und Holstein 1736-1777

259 Verzeichnis der Kandidaten der Theologie in den Herzogtümern Schleswig und Holstein 1728-1756
Mit Namensregister

260 Verzeichnis der vom Generalsuperintendenten Gustav Christoph Hoßmann examinierten und ordinierten Kandidaten 1749-1757

261 Verzeichnis der am 25. Januar 1760 am Konsistorium in Schleswig außerordentlich examinierten Kandidaten 1760

262 Verzeichnis der vom Generalsuperintendenten Friedrich Franz Hasselmann examinierten und noch nicht beförderten Kandidaten 1767-1776

263 Tentamensprotokoll mit Korrespondenz zur Beförderung der Kandidaten 1771-1780

264 Tentamensprotokoll 1781-1789

265 Tentamen 1844-1855
Enthält u. a.: Zulassung; Predigten; Lebensläufe der Kandidaten in lateinischer Sprache

266 Tentamen 1866-1871
Enthält u. a.: Zulassung; Predigten; Lebensläufe der Kandidaten in lateinischer Sprache

267 Tentamen 1872-1876
Enthält: Predigten; Lebensläufe der Kandidaten in lateinischer Sprache

270 Tentamen 1881-1884
Enthält u. a: Predigten; Lebensläufe der Kandidaten in lateinischer Sprache

268 Tentamen 1891-1893
Enthält: Predigten; Lebensläufe der Kandidaten in lateinischer Sprache

269 Tentamen 1894-1898
Enthält u. a: Predigten; Lebensläufe der Kandidaten in lateinischer Sprache

271 Verzeichnis der in Glückstadt examinierten Kandidaten 1778-1806

272 Protokoll über die vom Generalsuperintendenten Adam Struensee examinierten Kandidaten aus den Herzogtümern Schleswig und Holstein 1781-1790
Enthält auch: Verzeichnis der an den Oberkonsistorien in Gottorf und Glückstadt examinierten Kandidaten, 1781-1790

273 Probepredigt beim Tentamen 1799

274 Examen der Kandidaten des Predigeramtes: gesetzliche Bestimmungen 1853-1866

275 Examen der Kandidaten des Predigeramtes nach der Verordnung von 1853 1853-1864

276 Ernennung von Mitgliedern des Examenskollegiums 1835-1836

277 Kandidatenexamen: Abstimmungsprotokolle 1855-1866

278 Eingang der Kandidatenabhandlungen 1836-1840
Enthält u. a.: Verzeichnis der 1836 in der Propstei Oldenburg examinierten Kandidaten

1164 Abhandlungen der Kandidaten der Theologie 1834-1836

1165 Abhandlungen der Kandidaten der Theologie 1843

1166 Abhandlungen der Kandidaten der Theologie 1844

1167 Abhandlungen der Kandidaten der Theologie 1849-1850

1168 Berichte zu den Abhandlungen der Kandidaten der Theologie 1856

279 Predigterlaubnis für ausländische Prediger 1846-1865

280 Kandidatenexamen: Zulassung 1835-1843

281 Kandidatenexamen: Befreiung vom Mindestalter und vom zweijährigen Pflichtstudium in Kiel (Biennium) 1866
Enthält: Carl Nievertz, Kiel; F. Schwerdtfeger, Braunschweig; Engel, Sterup

282 Kandidatenexamen: Befreiung vom Mindestalter 1839-1840, 1865-1866
Enthält: Joachim Heinrich Gerber, Sankt Michaelisdonn; H. I. Ivers, Bovenau, Neukirchen; Johann Franz Nissen, Brunswik; Adolph Jacob Wilhelm Heimreich, Rendsburg

283 Befreiung der 1848 und 1849 examinierten Kandidaten vom Beibringen weiterer Zeugnisse 1855-1862
Enthält: Lorenz Friedrich Gerhard Lorenzen, Leck; Theodor Lorenzen, Altona; Andreas Theodor Albert Schröder, Wandsbek; Heinrich Johannes Nissen, Simonsberg; Carl Friedrich Nicolaus Wichmann, Süderau; Ernst Henning Christian Sörensen, Altona; Peter Nicolaus Maassen, Brunsbüttelkoog; Arend Detlev Grauer, Riis

284 Außerordentliches Examen des Pastors Johann Scharffenberg aus Glückstadt 1853-1854

285 Kolloquium mit auswärtigen Geistlichen (1862) 1867-1868
Enthält: Pastor W. D. Müller, Erkrath; Pastor Friedrich König, Dorum (mit Lebensläufen in lateinischer Sprache); Kandidat Eduard Friedrich Wilhelm Rothert, Bremen (mit lateinischem Lebenslauf)
Darin: „Bremer Kirchenblatt“ vom 13. Dezember 1868

286 Verzeichnis der examinierten und noch nicht beförderten Kandidaten 1833-1850

287 Verzeichnis der examinierten und noch nicht beförderten Kandidaten mit Aufenthalt im Herzogtum Holstein 1836-1867

288 Kandidaten: Rechte und Pflichten 1835-1862

Pfarrgemeinde

370 Pfarrgemeinde: Verteilung der Amtsgeschäfte 1838-1866

371 Veränderungen bei den Parochialverbänden 1838-1866

372 Teilung großer Gemeinden: Kiel 1843-1870
Darin: „Kieler Wochenblatt" vom 5. Juni 1862; „Allgemeine Kirchenzeitung" vom Januar 1861; Entwurf einer Gemeindeordnung für Kiel, 1862; Kirchenverfassung für das Großherzogtum Baden, 1861; Kirchenverfassung für Hamburg; vorläufige Ordnung für die Kieler Stadt- und Landgemeinde, 1862; Gemeindeordnung für Lübeck und Sankt Lorenz, 1860; Bericht der Kommission zur Teilung der Gemeinde in Kiel, 1870

373 Teilung großer Gemeinden: Segeberg, Nortorf, Altona, Preetz 1843-1858

374 Teilung großer Gemeinden: Schenefeld, Sülfeld, Marne, Nienstedten, Süderau, Meldorf 1855-1866

375 Einzug und Wiedererrichtung von Diakonaten: Neuenbrook, Neustadt, Neuenkirchen, Kollmar, Glückstadt, Delve, Meldorf, Borsfleth 1811, 1841-1860

751 Gebietsaustausch zwischen dem Fürstentum Lübeck und dem Herzogtum Holstein 1842-1844

Kirchenbeamte und Kirchendiener

Pfarramt

376 Pfarramt: Berichte des Generalsuperintendenten Johann Leonhard Callisen über Bewerbungen 1795-1803

377 Pfarramt: Bewerbungen und Empfehlungen 1835-1838
Enthält u. a.: tabellarische Übersicht über die Bewerber um das Pastorat in Reinfeld

378 Zeugnisse für Prediger und Kandidaten vom Generalsuperintendenten 1839-1866

379 Verleihung des Indigenatsrechts an Kandidaten 1845, 1861
Enthält: Peter Friedrich Ludwig Kochen, Eutin; F. J. H. Evens, Warnsdorf

380 Pfarramt: Präsentation 1855-1866

381 Pfarramt: Präsentation 1835-1854

382 Pfarramt: Anwendung des Präsentations- und Wahlmodus 1848-1855

383 Predigerwahl: allgemeine Verordnungen 1690-1804

384 Predigerwahl: Wahl- und Stimmrecht 1836-1844

385 Predigerwahl in einzelnen Gemeinden 1855-1866

386 Predigerwahl: Vergütung der Wahlkandidaten 1856

387 Predigerwahl: Anzeige und Bestätigungen 1837-1854

388 Eid der Prediger und sonstigen Kirchendiener im gottorfischen und königlichen Anteil 1674-1806
Enthält auch: Instruktion für den Generalsuperintendenten Georg Johannes Conradi, 1728

389 Eid der Prediger im herzoglichen und gemeinschaftlichen Anteil 1750-1774, 1792

390 Bestallung der Beamten und Prediger 1840-1856

391 Homagialeid der Geistlichen 1848-1852

392 Vereidigung der Geistlichen (um 1800) 1856-1867
Enthält u. a.: Eidesformulare, um 1800, 1867-1868

393 Anstellung und Vereidigung der Geistlichen 1868-1871

394 Gehorsamserklärung der Geistlichen 1863-1866

395 Ordination 1626, 1675-1774

396 Ordination 1795-1871

1077 Ordinations-, Introduktions- und sonstige Befehle an die gottorfische Generalsuperintendentur 1639-1641, 1706, 1738-1783

397 Predigerwahl und Ordination in der Propstei Süderdithmarschen 1668-1728

1078 Ordinations-, Introduktions- und sonstige Befehle: Propstei Altona 1788-1805

1079 Ordinations-, Introduktions- und sonstige Befehle: Propstei Kiel 1716-1717, 1789-1830

1080 Ordinations-, Introduktions- und sonstige Befehle: Propstei Münsterdorf 1714-1831

1081 Ordinations-, Introduktions- und sonstige Befehle: Propstei Kiel 1714-1715, 1779-1828

1082 Ordinations-, Introduktions- und sonstige Befehle: Propstei Norderdithmarschen 1714-1717, 1805

1083 Ordinations-, Introduktions- und sonstige Befehle: Propstei Oldenburg-Fehmarn 1713-1720, 1787-1830

1084 Ordinations-, Introduktions- und sonstige Befehle: Propstei Pinneberg 1796-1800

1085 Ordinations-, Introduktions- und sonstige Befehle: Propstei Plön 1763-1829

1086 Ordinations-, Introduktions- und sonstige Befehle: Propstei Rantzau 1759-1826

1087 Ordinations-, Introduktions- und sonstige Befehle: Propstei Rendsburg 1750-1831

1088 Ordinations-, Introduktions- und sonstige Befehle: Propstei Segeberg 1714-1820

1089 Ordinations-, Introduktions- und sonstige Befehle: Propstei Stormarn 1717, 1787-1828

1090 Ordinations-, Introduktions- und sonstige Befehle: Propstei Süderdithmarschen 1710-1830

1091 Ordinations-, Introduktions- und sonstige Befehle: gemeinschaftliche und adlige Kirchen mit Haselau und Haseldorf 1711-1831

1092 Ordinations-, Introduktions- und sonstige Befehle: Legationsprediger, Kabinettsprediger und Feldprediger 1815

Darin: gedruckte Nachrichten über den Gottesdienst bei der Kapelle der dänischen Gesandtschaft in Wien, 1761

398 Außerordentliche Ordinationen 1840-1863

399 Ordinationsgebühren 1702, 1731-1779, 1803

400 Verteilung der Ordinationsgebühren 1836-1847

401 Verzeichnis ordinierter Kandidaten 1835, 1845-1851

402 Introduktion 1868, 1703-1728

403 Streitfragen bei der Introduktion 1812-1854

Enthält u. a.: Gebühren; Beteiligung des Patronats

404 Introduktion einzelner Prediger 1835-1848

405 Introduktion einzelner Prediger 1854-1866

1095 Abgang und Entlassung von Predigern: gottorfische und gemeinschaftliche Kirchen 1637-1776

1096 Abgang und Entlassung von Predigern: königliche und gemeinschaftliche Kirchen 1716-1804

Enthält u. a.: Entlassung des Pastors Nicolaus Schmidt, Neuenkirchen (mit Prozessschrift), 1767-1770

1097 Abgang und Entlassung von Predigern 1811-1834

406 Anstellung ordinierter Amtsgehilfen 1835-1867

407 Anstellung nicht ordinierter Prädikanten 1841-1850

408 Pensionierung von Geistlichen 1837-1866

409 Vorübergehende Verwaltung von Pfarrstellen 1853-1854

410 Verwaltung der Vakanzgeschäfte im Gnadenjahr 1794-1866

411 Einrichtung der Vakanzpredigten 1837-1850
Enthält u. a.: Verzeichnisse der Vakanzen

412 Anzeige von Vakanzen durch die Pröpste 1835-1866

413 Tabellarische Übersichten über Vakanzen 1824-1834

414 Verzeichnis der Diensteinkommen der Prediger: Propsteien Rendsburg, Süderdithmarschen, Münsterdorf, Segeberg 1738-1742

415 Verzeichnis der Diensteinkommen der Prediger: Propstei Segeberg (1669-) 1737-1742

416 Verzeichnis der Diensteinkommen der Prediger: Propstei Süderdithmarschen (1687-) 1737

417 Verzeichnis der Diensteinkommen der Prediger: Propstei Münsterdorf (1574-) 1737

418 Verzeichnis der Diensteinkommen der Prediger: Schenefeld, Hademarschen, Windbergen, Lütjenburg, Heiligenstedten 1737-1739, 1809

419 Verzeichnis der dem Generalsuperintendenten unterstellten Kirchen in den Herzogtümern Schleswig und Holstein um 1737
Enthält: Predigernamen mit biografischen Angaben; Einkünfte, Witwenabgabe; Pension

420 Verzeichnis der Prediger im Herzogtum Holstein 1809-1848
Enthält u. a.: Angaben zum Werdegang und zu den Fähigkeiten der Prediger

421 Predigereinkünfte 1735-1738, 1792-1850

422 Predigereinkünfte 1857-1866

423 Predigereinkünfte: Schema für eine Übersicht (um 1737) 1856-1857

424 Auseinandersetzung mit dem Vorgänger im Predigeramt und der Predigerwitwe 1836-1852

1094 Rechte, Pflichten, Einkünfte und Lasten der Prediger: königliche Verfügungen 1640-1831
Darin: gedruckte Verordnungen

1093 Rechte, Pflichten, Einkünfte und Lasten der Prediger: gottorfische und gemeinschaftliche Verfügungen (1641) 1699-1781, 1812-1819
Enthält u. a.: Bericht von den Zuständen in Schönwalde, 1641-1642

425 Amtsjubiläen von Geistlichen 1842-1865

426 Verleihung von Titeln und Orden an Geistliche 1813-1861

427 Reisestipendien, Gratifikationen und Teuerungszulagen an Geistliche 1845-1865

428 Vorschriften über Reiseurlaub von Geistlichen 1847-1865

429 Amtsentsetzung des Pastors Schmidt in Neuenkirchen 1780

430 Disziplinarverfahren gegen Geistliche 1838-1866
Darin: „Bergedorfer Eisenbahn-Zeitung“ vom 29. Dezember 1852

431 Berichte und Verfügungen über entlassene und bestätigte Geistliche und Kandidaten 1852-1861

432 Predigerkonvent und Kaland 1837-1846

433 Abgabenfreiheit und Zollfreiheit der Geistlichen 1768-1770, 1835-1843

434 Gerichtsstand der Prediger und Kandidaten 1800-1806

435 Stellung der Prediger zu den weltlichen Behörden 1862
Enthält: Pastor Friedrich Ludwig Fidler, Eddelak

436 Zitationsrecht der Prediger gegenüber Gemeindemitgliedern 1840
Darin: mehrere Ausgaben des „Preetzer Wochenblatts“ vom März bis Mai 1840

437 Persönliche Angelegenheiten einzelner Prediger 1810, 1843-1861
Enthält: Pastor Friedrich Ernst Christian Oertling, Eichede; Pastor Adolph Friedrich Balemann, Oldenburg; Pastor Hans Friedrich Neelsen und Kompastor Georg Hinrich Wilhelm Schwartz, Plön; Pastor emeritus Georg Christian August Cartheuser, Burg; Kandidat der Theologie A. H. Matzen, Bargteheide; Pastor Johann Georg Christoph Schaar, Altona
Darin: „Nordischer Courier. Altonaer Nachrichten“ vom 11. September 1861

1098 Versorgung der Predigerwitwen 1642, 1667, 1727-1789
Darin: gedruckte Verordnung zur Predigerwitwenpension oder Dienstabgabe, 1755

438 Versorgung der Witwen und Waisen 1701, 1801-1811

439 Gnadenjahr (1772) 1835-1864

440 Dienstabgabe, Witwenhäuser, Witwenzulagekasse 1837-1865

441 Stiftung des Generalsuperintendenten Jacob Georg Christian Adler für bedürftige Predigerwitwen 1846-1851

442 Stiftung des Kapitäns Peter von Schulz für Predigerwitwen in Altona 1822

443 Gründung eines Fonds für Predigerwitwen in Uetersen 1831

444 Vertrag mit der Aachener-und-Münchener-Feuerversicherungsgesellschaft zur Versorgung hilfsbedürftiger Predigertöchter (1868-) 1871-1874
Darin: Vertrag mit der Berlinischen Lebensversicherungsgesellschaft für die Versorgung von Predigertöchtern im Herzogtum Schleswig, 1868

Organisten und Küster

1104 Gottorfisches Privileg für den Orgelbauer Arp Schnitger 1701

445 Organisten und Küster 1840-1864

Kirchenkonvent und Kirchenjuraten

446 Kirchenkonvent 1835-1859

447 Kirchenjuraten und Kirchengevollmächtigte (1805, 1807) 1840-1862
Darin: Lokalstatut für die Verwaltung des Kirchenwesens im Kirchspiel Jevenstedt, 1853; Instruktion für die Kirchenoffizialen in der Propstei Eiderstedt, 1807; Lokalstatut für das Kirchenwesen in Nortorf, 1848; Instruktion für die Kirchen- und Schuloffizialen in der Propstei Hütten, 1805

Amtshandlungen

1111 Taufe 1601-1832
Darin: gedruckte Verordnungen wegen der Üppigkeit auf Taufen und anderen Amtshandlungen, 1705

448 Taufe 1836-1861

449 Katechisationen 1656-1853

1112 Konfirmation 1693-1832

450 Konfirmation 1800-1863

451 Konfirmation: Listen über Dispense 1849-1855

452 Erschlichene Konfirmationen 1843-1866

453 Außerordentliche Konfirmationen 1840-1855

454 Verlegung der Konfirmation in der Propstei Münsterdorf auf Ostern
Enthält u. a.: Berichte der Schullehrer 1841-1842

916 Impfbescheinigungen für Konfirmanden und Schüler
1813, 1845, 1854

1113 Beichte und Abendmahl 1708-1802

455 Abendmahl 1841-1855

456 Beichte 1835-1862

1114 Verlobung, Aufgebot und Heirat 1636-1830

457 Verlobungen 1840-1841

458 Eheaufgebote 1835-1866

1115 Verbotene Ehen und Ehedispense 1646-1834

459 Ehedispense 1836-1861

460 Zivilehe 1849-1863

1116 Beerdigung 1725-1834
Darin: gedruckte Verordnungen

461 Gemischtkonfessionelle Ehen 1753-1759, 1832, 1860-1866

462 Beerdigung 1805, 1835-1862

463 Störung eines Begräbnisses in Reinfeld 1852

464 Kirchliche Publikationen von behördlichen Bekanntmachungen 1836-1855

Kirchenzucht

465 Kirchendisziplin und Kirchenbuße: königliche und gottorfische Verordnungen 1623-1805

466 Kirchenzucht im königlichen, gottorfischen und gemeinschaftlichen Anteil 1661-1670, 1722-1787

Kirchenbücher und Archive

Kirchenbücher

467 Kirchenbücher: Führung und Aufbewahrung 1763-1862

468 Kirchenbücher: kirchliche Atteste 1836-1848

469 Kirchenbuchführung im Königreich Hannover 1852-1853

Kirchliche Statistik

471 Statistische Nachrichten aus den Kirchenbüchern 1735-1749, 1835-1856
Enthält u. a.: Verzeichnis der Geborenen und Verstorbenen in den Kirchspielen der Herzogtümer Schleswig und Holstein, 1735-1749

1025 Anfertigung von jährlichen Verzeichnissen über Geburten, Heiraten und Sterbefälle 1735-1785

1026 Jährliche Verzeichnisse über Geburten, Heiraten und Sterbefällen in den Distrikten der Generalsuperintendentur in den Herzogtümern Schleswig und Holstein 1749-1789

1027 Verzeichnisse über Geburten, Heiraten und Sterbefälle 1774-1807

1028 Verzeichnisse über Geburten, Heiraten und Sterbefälle 1820-1826

1029 Verzeichnisse über Geburten, Heiraten und Sterbefälle 1827-1833

472 Verzeichnisse über Heiraten, Geburten und Todesfälle in den Propsteien 1808-1819

470 Aufstellung der Listen über die See-Enrollierung und den Landausschuss 1723-1774

473 Statistik der Geisteskranken 1805

474 Berichterstattung über die Taubstummen 1835-1864

Kirchenarchive

477 Anfragen und Mitteilungen zu einer Verordnungssammlung für das Herzogtum Schleswig 1737-1742

475 Pfarrarchive 1837-1852

476 Aufzeichnung der Verordnungen zum Kirchen- und Schulwesen 1772-1774

518 Kirchenarchivverzeichnis Albersdorf [1830]-1855

506 Kirchenarchivverzeichnis Altenkrempe [1845]-1855

519 Kirchenarchivverzeichnis Altona [1839]-1854

520 Kirchenarchivverzeichnis Altrahlstedt 1831-1858

498 Kirchenarchivverzeichnis Bargteheide [1811]-1860

521 Kirchenarchivverzeichnis Barlt 1838-1858

522	Kirchenarchivverzeichnis Barmstedt	[1817]-1855
524	Kirchenarchivverzeichnis Beidenfleth	[1810]-1855
523	Kirchenarchivverzeichnis Bergstedt	1802-1851
507	Kirchenarchivverzeichnis Blekendorf	1803-1856
525	Kirchenarchivverzeichnis Bordesholm	1838-1859
526	Kirchenarchivverzeichnis Bornhöved	1803-1834
484	Kirchenarchivverzeichnis Borsfleth	1802-1854
527	Kirchenarchivverzeichnis Bovenau	1820-1857
499	Kirchenarchivverzeichnis Bramstedt	1803-1858
528	Kirchenarchivverzeichnis Breitenberg	1823-1853
529	Kirchenarchivverzeichnis Brunsbüttel	[1817]-1857
489	Kirchenarchivverzeichnis Burg	[1832]-1855
530	Kirchenarchivverzeichnis Büsum	1843-1852
533	Kirchenarchivverzeichnis Curau	[1813]-1856
491	Kirchenarchivverzeichnis Delve	[1830]-1855
534	Kirchenarchivverzeichnis Eddelak	[1803]-1854
535	Kirchenarchivverzeichnis Elmschenhagen	[1825]-1855
536	Kirchenarchivverzeichnis Elmshorn	1821-1856
537	Kirchenarchivverzeichnis Flemhude	1841-1856
508	Kirchenarchivverzeichnis Giekau	[1830]-1858
538	Kirchenarchivverzeichnis Gleschendorf	1803-1841
539	Kirchenarchivverzeichnis Stadtkirche Glückstadt	1809

509	Kirchenarchivverzeichnis Grömitz	[1810]-1857
495	Kirchenarchivverzeichnis Großenaspe	[1815]-1856
510	Kirchenarchivverzeichnis Großenbrode	1845-1860
511	Kirchenarchivverzeichnis Hansühn	1803-1856
478	Kirchenarchivverzeichnis Haseldorf	1752-1855
540	Kirchenarchivverzeichnis Heide	1818-1856
494	Kirchenarchivverzeichnis Heide (Fragment)	[1837]
541	Kirchenarchivverzeichnis Heiligenhafen	[1803]-1822
485	Kirchenarchivverzeichnis Heiligenstedten	1819-1857
542	Kirchenarchivverzeichnis Hennstedt	1815-1852
543	Kirchenarchivverzeichnis Herzhorn	1855-1856
486	Kirchenarchivverzeichnis Hohenaspe	1823-1859
544	Kirchenarchivverzeichnis Hohenfelde	1803-1856
545	Kirchenarchivverzeichnis Hörnerkirchen	[1840]-1856
546	Kirchenarchivverzeichnis Horst	1803-1858
547	Kirchenarchivverzeichnis Jevenstedt	1804
497	Kirchenarchivverzeichnis Jevenstedt	[1840]-1857
500	Kirchenarchivverzeichnis Kaltenkirchen	1803-1857
548	Kirchenarchivverzeichnis Kellinghusen	1809-1856
512	Kirchenarchivverzeichnis Kirchnüchel	1841-1857
574	Kirchenarchivverzeichnis Klein Wesenberg	[1803]
575	Kirchenarchivverzeichnis Klein Wesenberg	1843-1857

531	Kirchenarchivverzeichnis Kollmar	[1826]-1856
532	Kirchenarchivverzeichnis Krempe	[1820]-1855
549	Kirchenarchivverzeichnis Krummendiek	[1839]-1858
550	Kirchenarchivverzeichnis Lebrade Enthält u. a.: Regulativ für den Kirchhof, 1850	[1852]-1856
513	Kirchenarchivverzeichnis Lensahn	[1820]-1856
514	Kirchenarchivverzeichnis Lütjenburg	1803-1857
552	Kirchenarchivverzeichnis Meldorf	[1850]-1855
554	Kirchenarchivverzeichnis Neuendorf	[1845]-1856
487	Kirchenarchivverzeichnis Neuenkirchen	1802-1860
515	Kirchenarchivverzeichnis Neukirchen	[1825]-1857
516	Kirchenarchivverzeichnis Neustadt	1803-1860
555	Kirchenarchivverzeichnis Nienstedten	[1843]-1851
556	Kirchenarchivverzeichnis Nordhastedt	1815-1852
557	Kirchenarchivverzeichnis Nortorf	1816-1856
517	Kirchenarchivverzeichnis Oldenburg	1803-1857
501	Kirchenarchivverzeichnis Oldesloe	1861
558	Kirchenarchivverzeichnis Preetz Enthält auch: Verzeichnis über Armen- und Kirchenkapitalien, 1822-1828	[1803]-1853
559	Kirchenarchivverzeichnis Probsteierhagen	[1833]-1856
502	Kirchenarchivverzeichnis Pronstorf	1811-1823
479	Kirchenarchivverzeichnis Quickborn	1844-1857
560	Kirchenarchivverzeichnis Ratekau	[1810]-1841

561	Kirchenarchivverzeichnis Reinfeld	1805-1853
480	Kirchenarchivverzeichnis erste Gemeinde Rellingen	1835-1854
481	Kirchenarchivverzeichnis zweite Gemeinde Rellingen	1834-1854
562	Kirchenarchivverzeichnis Christ- und Garnisonskirche Rendsburg	1820-1857
563	Kirchenarchivverzeichnis Marienkirche Rendsburg	[1836]-1857
490	Kirchenarchivverzeichnis Sankt Annen	1815-1855
551	Kirchenarchivverzeichnis Sankt Margarethen	1824-1857
553	Kirchenarchivverzeichnis Sankt Michaelisdonn	[1818]-1855
564	Kirchenarchivverzeichnis Sarau	[1860]
565	Kirchenarchivverzeichnis Schenefeld	1802-1857
503	Kirchenarchivverzeichnis Schlamersdorf	[1803]-1858
566	Kirchenarchivverzeichnis Schönberg	[1838]-1856
482	Kirchenarchivverzeichnis Seester	1838-1854
504	Kirchenarchivverzeichnis Segeberg	[1832]-1857
567	Kirchenarchivverzeichnis Selent	1802-1856
568	Kirchenarchivverzeichnis Siek	1805-1858
569	Kirchenarchivverzeichnis Stellau	[1842]-1856
488	Kirchenarchivverzeichnis Süderau	1812-1855
570	Kirchenarchivverzeichnis Süderhastedt	1803-1854
492	Kirchenarchivverzeichnis Tellingstedt Enthält auch: Kircheninventar	[1820]-1855
493	Kirchenarchivverzeichnis Tellingstedt	1856

571	Kirchenarchivverzeichnis Trittau	1805-1858
483	Kirchenarchivverzeichnis Uetersen	1812-1854
572	Kirchenarchivverzeichnis Wandsbek	1835-1849
505	Kirchenarchivverzeichnis Warder	[1805]
573	Kirchenarchivverzeichnis Warder	1819-1822
576	Kirchenarchivverzeichnis Wesselburen	1804-1856
496	Kirchenarchivverzeichnis Westensee	[1839]-1857
577	Kirchenarchivverzeichnis Wewelsfleth	[1813]-1855
578	Kirchenarchivverzeichnis Wilster	1836-1855
579	Kirchenarchivverzeichnis Windbergen	[1803]-1858
582	Kirchenarchivverzeichnis Zarpen	[1829]
581	Kirchenarchivverzeichnis Zarpen	[1845]-1857

Kircheninventare

Allgemeines

583	Kircheninventar: Allgemeines	1763-1860

Propstei Kiel

609	Kircheninventar Barkau	1802-1810
610	Kircheninventar Bordesholm	1833-1834
611	Kircheninventar Brügge	1798
612	Kircheninventar Elmschenhagen	1797-1828
613	Kircheninventar Flemhude	1802

615	Kircheninventar Groß Flintbek	1792
614	Kircheninventar Großenaspe	1799
616	Kircheninventar Nikolaikirche und Klosterkirche in Kiel	(1728-) 1801-1802
617	Kircheninventar Neumünster	1794-1796
618	Kircheninventar Fleckenskirche in Preetz	1796-1803
619	Kircheninventar Probsteierhagen	1797-1799
620	Kircheninventar Schönberg	1797-1798
621	Kircheninventar Schönkirchen	1829
622	Kircheninventar Selent	1797
623	Kircheninventar Westensee	(1774-) 1840-1845

Propstei Münsterdorf

624	Kircheninventar Beidenfleth	1768
625	Kircheninventar Borsfleth	1768 (1816)
626	Kircheninventar Breitenberg	1805-1812
627	Kircheninventar Brokdorf	1771-1809, 1846
631	Kircheninventar Stadtkirche in Glückstadt	1802-1809
643	Kircheninventar Haseldorf	1802
632	Kircheninventar Heiligenstedten	1802-1805
633	Kircheninventar Hohenfelde	1772-1807
634	Kircheninventar Horst	1768
635	Kircheninventar Laurentiuskirche in Itzehoe	1803

628	Kircheninventar Kollmar	1805
629	Kircheninventar Krempe	1850-1855
630	Kircheninventar Krummendiek	1803
636	Kircheninventar Münsterdorf	1819-1823
637	Kircheninventar Neuenbrook	1765, 1850-1851
638	Kircheninventar Neuendorf	1783, 1805
639	Kircheninventar Neuenkirchen	1805-1806
640	Kircheninventar Sankt Margarethen	1811
641	Kircheninventar Stellau	1791-1797
642	Kircheninventar Wewelsfleth	1763, 1848-1850

Propstei Norderdithmarschen

669	Kircheninventar Büsum	1818-1824
670	Kircheninventar Delve	1815-1824
671	Kircheninventar Heide	1818-1824
672	Kircheninventar Hemme	1827
673	Kircheninventar Hennstedt	1823-1824
674	Kircheninventar Lunden	1814-1824
675	Kircheninventar Neuenkirchen	1827
668	Kircheninventar Sankt Annen	1822-1824
676	Kircheninventar Schlichting	1824
677	Kircheninventar Tellingstedt	1824

678	Kircheninventar Weddingstedt	1815-1821
679	Kircheninventar Wesselburen	1813-1827
580	Kircheninventar Wöhrden	1809

Propstei Oldenburg

594	Kircheninventar Altenkrempe	1800-1801, 1851
595	Kircheninventar Blekendorf	1856
596	Kircheninventar Giekau	1802, 1851
597	Kircheninventar Grömitz	1795, 1860
598	Kircheninventar Grube	1838
599	Kircheninventar Hansühn	1800, 1852-1853
600	Kircheninventar Heiligenhafen	1789 (1795, 1836)
601	Kircheninventar Hohenstein	1797, 1855-1856
602	Kircheninventar Kirchnüchel	1799-1801, 1841-1844
603	Kircheninventar Lensahn	(1652-) 1833-1841
604	Kircheninventar Lütjenburg	1824
605	Kircheninventar Neukirchen	(1726) 1800, 1863
606	Kircheninventar Neustadt	1792-1794
607	Kircheninventar Oldenburg	1835
608	Kircheninventar Schönwalde	1831, 1842

Propstei Pinneberg

696	Kircheninventar Seester	1845-1846

Propstei Plön

689	Kircheninventar Ahrensbök	1777
690	Kircheninventar Curau	1781
691	Kircheninventar Gleschendorf	1763
692	Kircheninventar Gnissau	1778
693	Kircheninventar Lebrade	1797
694	Kircheninventar Altstadt Plön	1776, 1864-1866
695	Kircheninventar Süsel Enthält auch: Verzeichnis der Predigereinkünfte in der Propstei Plön, 1766	1766, 1785

Propstei Rantzau

644	Kircheninventar Barmstedt	(1818) 1828
645	Kircheninventar Herzhorn	1769, 1851-1857
646	Kircheninventar Hörnerkirchen	1847

Propstei Rendsburg

647	Kircheninventar Bovenau	1797, 1865
648	Kircheninventar Hademarschen	1765
649	Kircheninventar Hohenwestedt	1764-1815
650	Kircheninventar Jevenstedt	1764-1810
651	Kircheninventar Kellinghusen	1772-1809
652	Kircheninventar Nortorf	1804
653	Kircheninventar Marienkirche in Rendsburg	1771-1809

654	Kircheninventar Christ- und Garnisonskirche in Rendsburg	1786
655	Kircheninventar Sehestedt	1803-1809

Propstei Segeberg

585	Kircheninventar Bornhöved	1859
584	Kircheninventar Bramstedt	1815
593	Kircheninventar Klein Wesenberg	1849-1856
586	Kircheninventar Leezen	1763, 1811
587	Kircheninventar Oldesloe	1850
588	Kircheninventar Pronstorf	(1763-) 1811
589	Kircheninventar Reinfeld	1763
590	Kircheninventar Schlamersdorf	1797
591	Kircheninventar Segeberg	1768
592	Kircheninventar Warder	1779-1787

Propstei Stormarn

680	Kircheninventar Altrahlstedt	1796
681	Kircheninventar Bargteheide	1839
682	Kircheninventar Bergstedt	1834
683	Kircheninventar Eichede	1833-1834
684	Kircheninventar Siek	1797-1809
685	Kircheninventar Steinbek	1796
686	Kircheninventar Trittau	1803-1842

687	Kircheninventar Wandsbek	1834
688	Kircheninventar Woldenhorn	1799-1811

Propstei Süderdithmarschen

656	Kircheninventar Albersdorf	1810-1812
657	Kircheninventar Barlt	1843-1844
659	Kircheninventar Brunsbüttel	1809
658	Kircheninventar Burg	(1761-) 1832-1837
660	Kircheninventar Eddelak	1809-1813
661	Kircheninventar Hemmingstedt	1805-1810
662	Kircheninventar Marne	1809-1810
663	Kircheninventar Meldorf	1764-1765, 1846
665	Kircheninventar Nordhastedt	1816, 1827
664	Kircheninventar Sankt Michaelisdonn	1809, 1845
666	Kircheninventar Süderhastedt	1809-1813
667	Kircheninventar Windbergen	1802-1809

Kirchengebäude und Kirchenvermögen

1105	Kirchenökonomie Enthält u. a.: Kirchenrechnungswesen; Kirchenjuraten; Kircheninventare	(1626-) 1637-1671, 1735-1831
697	Bauliche Veränderungen an Kirchengebäuden	1839-1866
698	Erhalt kirchlicher Altertümer	1848
699	Anbringung von Gedenktafeln für die Gefallenen der Jahre 1848 und 1849	1849

700 Kirchenstühle und Stuhlregister 1735, 1840-1853
Enthält u. a.: Stuhlregister in Bornhöved, 1735

701 Kirchenwege und Fußsteige 1841-1842

702 Begräbnisplätze 1834-1860
Darin: Regulativ für den Begräbnisplatz in Altenkrempe, 1834; „Dithmarsische Zeitung" vom 8. Februar 1834

703 Verwaltung von Kirchenlegaten 1841-1842

704 Führung der Kirchenrechnung 1836-1845

705 Aufbringen von Kirchenlasten 1836-1866
Enthält u. a.: Beitrag der Gemeinde Sankt Annen zum Kirchenschatz in Lunden, 1836-1843

706 Verwaltung des Kirchenvermögens in Kirchbarkau 1834-1839
Darin: Grund- und Profilrisse des Kirchengebäudes

Militärgemeinde

707 Gottesdienst in Garnisonsgemeinden 1700-1738, 1805-1833

708 Verordnungen zu Eheangelegenheiten von Militärpersonen 1701-1759, 1809, 1831

709 Gerichtsbarkeit der Witwen von Militärpersonen und Einsendung des Abschieds verstorbener Militärpersonen an das Generalkriegsdirektorium 1735, 1764

710 Feldprediger 1645, 1699-1789, 1839-1852

711 Feldküster 1843-1849
Enthält: Schullehrer Nicolaus Heinrich Scheelk, Langenhals, Wewelsfleth

712 Feldpropstei: Armeebefehle 1850-1851

713 Feldpropstei: Feldprediger, Feldküster und Feldgottesdienst 1850-1851

714 Feldpropstei: Berichte der Feldprediger 1850-1851

715 Feldpropstei: Feldgottesdienst 1850

716 Feldpropstei: Bibel und Gesangbuch 1850-1851

717 Feldpropstei: Beerdigungen 1850-1851

718 Feldpropstei: Stammblätter (Nationale) der vom Juli 1850 bis Februar 1851 verstorbenen Soldaten 1850-1851

719 Kirchliche Verhältnisse der dänischsprachigen Soldaten in holsteinischen Garnisonen 1859

720 Kirchliche Verhältnisse der preußischen Truppen 1865-1866

Innere Mission

721 Kirchliche Armenpflege 1858-1866

722 Bildung eines Vereins zur Besserung der Strafgefangenen 1839

723 Asyl für entlassene weibliche Sträflinge bei Glückstadt 1851-1854

724 Kolportage 1841-1858
Darin: 32. Jahresbericht der Niedersächsischen Gesellschaft zur Verbreitung christlicher Erbauungsschriften, 1853

725 Schleswig-Holsteinische Bibelgesellschaft 1856-1860

726 Sonntagsschule und Bibelstunden 1836, 1845

727 Holsteinischer Blindenverein 1861

728 Jahresberichte der Idiotenanstalt in Kopenhagen 1856-1863

Heidenmission

729 Verordnungen zur äußeren Mission 1838-1847, 1863

730 Missionsgesellschaften 1866-1871
Darin: 14. Jahresbericht des Jerusalem-Vereins in Berlin, 1866; Einladung zur Ausstellung von im Rauhen Haus in Hamburg angefertigten Handarbeiten, 1867; „Monatsblatt der Norddeutschen Missionsgesellschaft“, Juli 1870;

Druckschrift „Die Mission mit Kaste und ihre Vertheidiger“; Druckschrift „Die Rheinische Missionsgesellschaft“, 1870; 20. Bericht der deutsch-französischen Evangelischen Mission in Paris für 1868-1869, 1870; 48. Bericht der Gesellschaft zur Beförderung des Christentums unter den Juden in Berlin für 1870, 1871

731 Evangelisch-Lutherische Mission in Leipzig 1856-1859
Darin: 38. Jahresbericht der Evangelisch-Lutherischen Mission für 1856-1857; Druckschrift zur Geschichte und Tätigkeit der Mission in Ostindien und Ceylon, 1857

732 Konferenz der holsteinischen Pröpste 1859

733 Statutenentwurf zur gemeinsamen Missionstätigkeit in der holsteinischen Kirche mit Gutachten 1858-1859

734 Kirchenkollekte für die äußere Mission 1860-1863

Separatisten

1117 Separatisten, Fanatiker, Schwärmer 1689-1737
Darin: gedruckte Verordnungen; zwei Druckschriften des Hans Christopher Lüdemann, Harburg; „Donner-Posaune zur Schleiffung des Christlichen Babel“ und „Donner-Posaune vom Untergang der babylonischen Monarchie“, 1713

1118 Schwärmerische Schrift des Kammerdieners Hans Hinrich Steensen 1717

1119 Separatisten, Fanatiker, Schwärmer 1718-1798

735 Separatisten: Privatversammlungen in Wilster 1740-1741

736 Separatisten: Laienprediger Heesch aus Hennstedt 1798

737 Separatisten: Taufverweigerung, freie christliche Gemeinde in Wandsbek, Austritt aus der Landeskirche 1849-1868

Fremde Religionsverwandte

738 Fremde Religionsverwandte: Allgemeines 1763-1780
Enthält: Beerdigungen; priesterlicher Beistand im ehemaligen großfürstlichen Anteil; freie Religionsausübung der katholischen und reformierten Fabrikanten auf Gut Wandsbek

739 Reformierte 1692-1723, 1801, 1841

Enthält: Reformiertenschule, 1692; Niederlassung von Reformierten in Eckernförde, 1702; reformierte Predigt in Rendsburg, 1723; Garten und Begräbnisplatz in Altona, 1801; Beiträge des Oberstleutnants Koch in Altona an die Kirchen- und Armenkasse, 1841

740 Mennoniten und Baptisten 1843-1871

Enthält u. a.: Verzeichnis der Neuzugänge der Baptistengemeinde in Tangstedt, 1870

741 Quäker in Friedrichstadt 1703

742 Mährische Brüder und Brüdergemeine in Altona 1735-1745, 1810

743 Katholiken 1678-1866

Enthält: Übertretung gesetzlicher Bestimmungen, 1770-1861; gemischtkonfessionelle Ehen, 1849-1851; größere Glaubensfreiheit für die Katholiken, 1846-1860; Anstellung eines apostolischen Vikars und Bischofs für die Nordische Mission, 1839-1862; Zulassungsgesuche katholischer Priester in Altona, Glückstadt und Kiel, 1857-1865; Instruktion für katholische Priester, 1842-1847; Übertritte zur lutherischen Kirche, 1678-1858; Übertritt des Grafen Hahn auf Neuhaus zur katholischen Kirche und katholischer Gottesdienst auf Neuhaus, 1858-1860; Streitigkeiten zwischen den Pastoren in Glückstadt wegen Danksagung für einen verstorbenen Katholiken, 1719; katholische Gemeinden in Glückstadt, Kiel und Neumünster, 1837-1866

1148 Konzession zur freien Religionsausübung der Reformierten und Katholiken in Wandsbek 1780

744 Deutsch-Katholiken 1849-1858

745 Juden 1775, 1834-1863

746 Mormonen 1856

Ausländische Gemeinden

747 Katecheten an der Sankt-Petri-Gemeinde in Kopenhagen 1840, 1863

748 Deutsche Gemeinde in Dublin 1803

SCHULWESEN

Allgemeines

1120 Gottorfische Verordnungen zum Schulwesen 1643-1765

1121 Gottorfische und königliche Verordnungen zum Schulwesen 1736-1832

Enthält u. a.: Berichte von den gottorfischen und gemeinschaftlichen Schulen (mit Namensverzeichnissen), 1750

Darin: gedruckte gemeinschaftliche Schul- und Sabbatverordnungen, 1744-1745

755 Ausstellung von Erziehungs- und Unterrichtsgegenständen in London 1854

Schulordnungen

756 Allgemeine Schulordnung 1814

757 Vorschläge des Pastors Johann Friedrich Carstens in Elmshorn zur Verbesserung des Schulwesens 1836

758 Verhandlungen über Neuordnung des Schulwesens 1848-1866

Darin: Gesetzentwurf zur Leitung des Unterrichts- und Bildungswesens für die Herzogtümer Schleswig und Holstein, 1851

759 Revision der Gesetzgebung über das Volksschulwesen 1856-1860

Darin: Entwurf einer Schulordnung für das Herzogtum Holstein, 1856

760 Gedanken für eine neue Schulordnung 1856

Enthält: anonyme Schrift; Schrift des Pastors Hermann Otto Mestorff in Rellingen

Volksschule

Schulaufsicht

761 Schulaufsicht 1792-1800, 1837-1845

762 Schulvisitation der Pröpste 1855

763 Verhältnis der Schulen zu den Kirchenvisitatoren 1841

764 Schulvorsteher 1843-1851

765 Stellung des Schullehrers zum Schulkollegium und Vorstand 1841-1843

Schullehrer

766 Besetzung erledigter Schulämter 1837-1866

767 Bewerbungen und Zeugnisgesuche von Schullehrern (1803-) 1834-1855

768 Bewerbung von Ausländern auf Schulämter (1832-) 1840-1855

769 Anstellung von Hilfslehrern 1840-1850

770 Pensionierung von Schullehrern 1840-1849

771 Verleihung der Vorzugsrechte der Seminaristen an Schullehrer 1834-1866

772 Auszeichnung von Schullehrern 1812, 1837-1865

773 Prämien der Patriotischen Gesellschaft an Schullehrer 1835-1848

774 Klagen gegen Schullehrer (1814-) 1837-1866

775 Dienstentlassung von Schullehrern 1812, 1820, 1825, 1844-1855
Darin: „Altonaer Mercur“ vom 10. April 1851

776 Schullehrerkonferenzen, pädagogischer Verein, Zentralkonferenz
Enthält u. a.: Statuten der Schulkonferenz in Lütjenburg, 1835 1835-1846
Darin: gedruckte Statuten des pädagogischen Vereins in Altona, 1842; Druckschrift über den allgemeinen dänischen Schullehrerverein, 1842

777 Gehaltsverhältnisse von Schullehrern 1821, 1835-1843

778 Aufbesserung von Schulstellen 1848, 1857-1866

Schullehrerwitwen

779 Gnadenjahr für die Schullehrerwitwen 1855-1864

780 Vereinigung zur Versorgung der Schullehrerwitwen 1801-1802
Enthält auch: Pensionsanstalt für Stadt und Amt Flensburg

781 Pensionsanstalten für Schullehrerwitwen 1812-1821

782 Schullehrerwitwenkasse 1835-1865
Darin: „Wagrisch-Fehmarnsche Blätter“ vom 30. Juli 1836; Druckschrift zur Regulierung der Schullehrerwitwenkassen

Unterricht

783 Wechselseitige Schuleinrichtung 1834-1849

784 Prüfungskommission für die wechselseitige Schuleinrichtung 1849-1850

785 Verbesserung des Lehrplans für Volksschulen und Religionsunterricht in der Propstei Süderdithmarschen 1845-1848

786 Volksschule: Unterrichtsfächer sowie Schulbücher und Lehrmittel 1839-1866
Darin: Begleitblätter der Eckernförder Lesetabellen, 1845

915 Gebrauch der Dinterschen Bibel für den Religionsunterricht in Plügge 1839

787 Schulbibliothek 1836-1845
Enthält u. a.: Verzeichnis der Schulbibliothek in Heiligenhafen

788 Besuch der Volksschulen 1801, 1836-1846

789 Volksschule: Dispense (1831-) 1857-1858

1169 Bericht des Johann Andreas Cramer von 1782 an die Deutsche Kanzlei wegen einer religiösen Unterweisung für Kinder 1736-1830
Enthält auch: Schreiben Herzog Carl Friedrichs an Propst Johann Wilde, Tellingstedt, 1736; Schreiben des Generalsuperintendenten Johann Leonhard Callisen an Graf Reventlow, 1797; Schreiben des Pastors Johann Elias Cellarius, Trittau, an einen unbekannten Adressaten, 1814; Schreiben des Pastors Carl Christian Friedrich Hansen, Gleschendorf, an Generalsuperintendent Jacob Georg Christian Adler, 1830

Schullasten

790 Schulrechnung 1841

791 Aufbringung der Realschullasten 1815-1849
Enthält u. a.: Überblick über die Schulrechnungen im Kirchspiel Hennstedt, 1846-1851

792 Verfahren bei Schulbauten 1843-1845

793 Instandhaltung der Schulwege 1841-1843, 1863

Schulfonds

1133 Schleswig-Holsteinischer Schulfonds: Allgemeines 1761-1833 (1846)

1134 Schleswig-Holsteinischer Schulfonds: Anweisungen zur Zahlung von Unterstützungen und Administrationsrechnungen 1767-1830

1135 Schleswig-Holsteinischer Schulfonds: Genehmigung der Vorschläge zur Verteilung der Zinsen 1765-1813

1136 Schleswig-Holsteinischer Schulfonds: Genehmigung der Vorschläge zur Verteilung der Zinsen 1814-1827

794 Schleswig-Holsteinischer Schulfonds: Allgemeines [1800] 1835-1836

795 Schleswig-Holsteinischer Schulfonds: Verzeichnung der Schuldverschreibungen 1822

796 Schleswig-Holsteinischer Schulfonds: Zuweisung von Brüchegeldern 1837-1847

798 Schleswig-Holsteinischer Schulfonds: Verteilung der Zinsen 1829-1844

797 Schleswig-Holsteinischer Schulfonds: Verteilung der Zinsen 1843-1871

799 Schleswig-Holsteinischer Schulfonds: Verteilung der Zinsen 1872-1876

800 Schleswig-Holsteinischer Schulfonds: Verteilung der Zinsen 1877-1880

801 Schleswig-Holsteinischer Schulfonds: Verteilung der Zinsen 1880-1884

802 Schleswig-Holsteinischer Schulfonds: Verteilung der Zinsen 1884-1888

803 Schleswig-Holsteinischer Schulfonds: Verteilung der Zinsen 1888-1892

804 Schleswig-Holsteinischer Schulfonds: Verteilung der Zinsen 1893-1895

805 Schleswig-Holsteinischer Schulfonds: Verteilung der Zinsen 1896-1897

806 Schulfonds für die Propsteien Rantzau und Norderdithmarschen 1836-1842

807 Schullegate 1837-1843

Schulen einzelner Distrikte

1128 Schulregulative und Schulberichte in der Propstei Norderdithmarschen 1813-1833
Darin: gedruckte Regulative

1127 Schulregulative und Schulberichte in der Propstei Pinneberg
Enthält u. a.: Verzeichnis vom Zustand der Schulen, 1813 1811-1822
Darin: gedruckte Regulative

1125 Schulregulative und Schulberichte in der Propstei Rantzau
Enthält u. a.: Verzeichnis zum Zustand der Schulen, 1813 1813-1821
Darin: gedruckte Regulative

1123 Schulregulative und Schulberichte in der Propstei Rendsburg
Enthält u. a.: Verzeichnis zum Zustand der Schulen, 1811 1811-1831
Darin: gedruckte Regulative

1126 Schulregulative und Schulberichte in der Propstei Stormarn
Enthält u. a.: Verzeichnis zum Zustand der Schulen, 1810 1810-1831
Darin: gedruckte Regulative

1122 Schulregulative und Schulberichte in der Propstei Süderdithmarschen 1809-1832
Enthält u. a.: Verzeichnis zum Zustand der Schulen, 1809
Darin: gedruckte Regulative

1124 Schulregulative und Schulberichte in den adligen und klösterlichen Distrikten sowie in Neustadt und Oldenburg 1749-1763, 1809-1810
Enthält u. a.: Schulverzeichnisse, 1749-1763; Verzeichnisse zum Zustand der Schulen, 1809-1810

1129 Schulordnung: Krempe, Heiligenhafen, Lütjenburg, Neuwerk-Schule in Rendsburg, Oldesloe, Meldorf, Preetz, Uetersen, Elmshorn, Stockelsdorf 1808-1836

1130 Schulordnung: Plön, Heide, Kiel, Altona, Segeberg, Glückstadt, Oldenburg, Pinneberger Dingstätte, Hanerau 1798-1832

808 Schulen: Ämter Bordesholm, Kiel und Kronshagen sowie adlige Schulen der Propstei Kiel 1810-1817
Darin: gedruckte Regulative

809 Schulen: Ämter Bordesholm, Kiel und Kronshagen sowie adlige Schulen der Propstei Kiel 1800, 1813, 1831-1843
Enthält u. a.: Übersicht über die Volksschulen
Darin: gedruckte Regulative, 1813

810 Schulen: Propstei Münsterdorf 1809-1843, 1866
Enthält u. a.: Übersicht über die Volksschulen, 1838; Berichte der Schullehrer, 1809
Darin: gedrucktes Schulregulativ, 1812

811 Schulen: Amt Neumünster 1810-1826
Enthält u. a.: Übersicht über die Volksschulen, 1810
Darin: gedrucktes Schulregulativ, 1813

812 Schulen: Propstei Norderdithmarschen 1820-1852
Enthält u. a.: Übersicht über die Volksschulen, 1837

814 Schulen: Propstei Oldenburg 1812-1843
Darin: gedruckte Schulregulative für das Amt Cismar und die adligen Schulen der Propstei, 1812, 1817

815 Schulen: Propstei Pinneberg 1817-1852
Enthält u.a.: Übersicht über die Volksschulen, 1839
Darin: gedrucktes Schulregulativ, 1817

816 Schulen: Propstei Plön 1811-1840
Enthält u. a.: Übersicht über die Landschulen, 1811; Berichte der Schullehrer, 1811
Darin: gedrucktes Schulregulativ, 1817

817 Schulen: Propstei Rantzau 1838
Enthält u. a.: Übersicht über die Volksschulen

818 Schulen: Propstei Rendsburg 1812-1843
Enthält u. a.: Übersicht über die Volksschulen, 1836
Darin: gedrucktes Schulregulativ für das Amt Rendsburg und die eingepfarrten adligen Schulen, 1812; Instruktion für die Schulvorsteher der Amts- und adligen Distrikte der Propstei, 1843

819 Schulen: Propstei Segeberg 1811-1816, 1831
Enthält u. a.: Übersicht über Verfassung der Schulen, 1811
Darin: gedruckte Schulregulative, 1813

820 Schulen: Propstei Stormarn 1817, 1835-1848
Enthält u. a.: Übersicht über die Volksschulen, 1837
Darin: gedrucktes Schulregulativ, 1817

813 Schulen: Propstei Süderdithmarschen 1810, 1834-1862
Enthält u. a.: Übersicht über die Volksschulen, 1837
Darin: gedrucktes Schulregulativ, 1810

821 Schulen: holstein-eutinische Schulen 1821-1854

Einzelne Stadtschulen

822 Stadt- und Fleckenschulen: Altona 1823-1866
Darin: gedrucktes Schulregulativ, 1823; gedrucktes Regulativ für die Elementarklassen des Armen- und Freischulwesens der evangelisch-lutherischen Gemeinde, 1855

823 Stadt- und Fleckenschulen: Barmstedt und Bramstedt 1811-1859
Darin: gedrucktes Schulregulativ für Bramstedt, 1844

824 Stadt- und Fleckenschulen: Krempe, Elmshorn und Glückstadt 1810-1863
Darin: gedruckte Schulregulative für Glückstadt, 1826, Elmshorn, 1820, und Krempe, 1810

825 Stadt- und Fleckenschulen: Heide und Heiligenhafen 1800-1863
Darin: gedruckte Schulregulative für Heiligenhafen, 1811, und Heide, 1819, 1823, 1852

826 Stadt- und Fleckenschulen: Itzehoe 1817, 1834-1866
Darin: gedrucktes Schulregulativ, 1817

827 Stadt- und Fleckenschulen: Kellinghusen und Kiel 1818-1866
Enthält u. a.: Schulregulative für Rade, 1839, und Willenscharen, 1837

828 Stadt- und Fleckenschulen: Lütjenburg, Marne und Meldorf 1811, 1814, 1834-1865
Darin: gedruckte Schulregulative für Meldorf, 1814, und Lütjenburg, 1811

829 Stadt- und Fleckenschulen: Neumünster 1812-1865
Darin: gedruckte Verordnung des Magistrats in Bremen zum Zigarrenfabrikwesen, 1842; gedruckte Schulregulative, 1813

830 Stadt- und Fleckenschulen: Neustadt 1810, 1835-1847
Darin: gedruckte Schulregulative, 1810, 1837

831 Stadt- und Fleckenschulen: Oldenburg, Oldesloe und Ottensen
Enthält u. a.: Zulage für die Schule in Oldenburg, 1616 1616, 1800-1860
Darin: gedruckte Schulregulative für Ottensen, 1836, 1853, Oldesloe, 1813, und Oldenburg, 1821

832 Stadt- und Fleckenschulen: Pinneberg, Plön und Preetz 1810-1861
Darin: gedruckte Schulregulative für die Fleckenschule in Preetz, 1817, sowie die Landschulen, 1813, und adligen Schulen im Distrikt Preetz, 1818; gedrucktes Schulregulativ für Plön, 1827

833 Stadt- und Fleckenschulen: Rendsburg und Segeberg 1812-1860
Darin: gedruckte Schulregulative für die Neuwerker Schule, 1812, die Bürgerschule, 1819, und die höhere Volksschule, 1842, in Rendsburg

834 Stadt- und Fleckenschulen: Uetersen, Wandsbek und Wilster 1804-1859
Darin: gedruckte Schulregulative für Uetersen, 1806, 1817, 1846, Wandsbek, 1843, und Wilster, 1814

Einzelne Landschulen

835 Landschulen: Kirchspiel Ahrensbök 1842-1863
Enthält: Fleckenschule in Ahrensbök

836 Landschulen: Kirchspiel Albersdorf 1839-1845
Enthält: Dükerwisch; Immenstedter Lohe; Roest

837 Landschulen: Kirchspiel Altenkrempe 1836
Enthält: Schule für das Gut Wahrendorf in Hobstin

838 Landschulen: Kirchspiel Altrahlstedt 1810
Enthält: Beschimpfung des Schullehrers von Elm, Stapelfeld, durch Claus Hinrich Beckmann

839 Landschulen: Kirchspiel Bargteheide 1844-1859
Enthält: Bargteheide; Delingsdorf

840 Landschulen: Kirchspiel Blekendorf 1834, 1859
Enthält: Schulhausbau in Kaköhl; Stand der Oberklasse in Blekendorf und Pensionierung des Schullehrers

841 Landschulen: Kirchspiel Bornhöved 1811-1851

842 Landschulen: Kirchspiel Bosau 1844
Enthält: Verbindung von Pehmen und Bredenbek mit Kembs zu einem Schuldistrikt

843 Landschulen: Kirchspiel Bovenau 1840-1864

844 Landschulen: Kirchspiel Bramstedt 1811
Enthält: Berichte der Schullehrer über Schuleinkünfte

845 Landschulen: Kirchspiel Breitenberg 1836-1837
Enthält: Anlage von Nebenschulen

846 Landschulen: Kirchspiel Brunsbüttel 1834, 1841
Enthält: Mühlenstraßen; Brunsbüttelhafen

847 Landschulen: Kirchspiel Eddelak 1848
Enthält: Verteilung der Personalschullasten in Averlakdonn

848 Landschulen: Kirchspiel Eichede 1836-1839
Enthält: Todendorf; Lasbek; Rohlshagen

849 Landschulen: Kirchspiel Elmschenhagen 1833
Enthält: Torfdeputat für Wellingdorf

850 Landschulen: Kirchspiel Flemhude 1831-1848
Enthält: Schulbaukosten; Kosten der Schulbibliothek; Zulage für die Schullehrer in Melsdorf und Stampe

8851 Landschulen: Kirchspiel Giekau 1839-1847
Enthält: Schulrechnungswesen: Gut Neuhaus; Bendfeld; Ratjendorf

852 Landschulen: Kirchspiel Gleschendorf 1840
Enthält: Verbesserung der Schulstelle in Scharbeutz

853 Landschulen: Kirchspiel Grömitz 1839-1861

854 Landschulen: Kirchspiel Großenbrode 1810
Enthält: Antworten von Fragen zur Schule in Großenbrode und Lütjenbrode

855 Landschulen: Kirchspiel Grube 1843
Enthält: Feuerungsdeputat des Schullehrers in Grube; Verlegung der Anbauer in Gruberhagen zur Schule in Guttau

856 Landschulen: Kirchspiel Hademarschen 1822-1837
Enthält u. a.: Regulativ für die Distriktschule in Hanerau

857 Landschulen: Kirchspiel Hansühn 1832-1846
Enthält: Schulhausbau in Wangels; Schulbesuch der Kinder des Gutes Weißenhaus in Döhnsdorf; Verbindung des Gutes Meischenstorf mit der Schule in Harmsdorf

858 Landschulen: Kirchspiel Heiligenhafen 1810-1814
Enthält: Antworten von Fragen zum Schulwesen

859 Landschulen: Kirchspiel Heiligenstedten 1835-1845

860 Landschulen: Kirchspiel Hennstedt 1841-1864

861 Landschulen: Kirchspiel Herzhorn 1840
Enthält: Auslage der Schulrechnung; Schulden der Schulkommüne Bülowsche Wildnis

862 Landschulen: Kirchspiel Hohenaspe (1800) 1838
Enthält: Pension des Organisten und Schullehrers Gernandt, Hohenaspe

863 Landschulen: Kirchspiel Hohenwestedt 1839-1861

864 Landschulen: Kirchspiel Horst 1865
Enthält: Reorganisation des Schulwesens

865 Landschulen: Kirchspiel Jevenstedt 1837-1866

866 Landschulen: Kirchspiel Kaltenkirchen 1811, 1831-1844

867 Landschulen: Kirchspiel Kiel 1834-1860
Enthält: Ottendorf; Suchsdorf; Wellsee; Wik

868 Landschulen: Kirchspiel Kirchbarkau 1777, 1813, 1866
Enthält: Honigsee; gemeinsame Schule für Honigsee und Großbarkau; Schulhausbau in Kirchbarkau

869 Landschulen: Kirchspiel Kirchnüchel 1758-1763
Enthält: Alt- und Neu-Harmhorst

870 Landschulen: Kirchspiel Lebrade 1838-1845

871 Landschulen: Kirchspiel Leezen 1811
Enthält: Antworten der Schullehrer auf Fragen zum Schulwesen

872 Landschulen: Kirchspiel Lensahn 1844
Enthält: Schwienkuhl-Kabelhorst

873 Landschulen: Kirchspiel Lunden 1814, 1841-1857

874 Landschulen: Kirchspiel Lütjenburg 1810
Enthält: Antworten der Schullehrer auf Fragen zum Schulwesen

875 Landschulen: Kirchspiel Meldorf 1822, 1842-1847

876 Landschulen: Kirchspiel Neuenbrook 1809, 1840-1841
Enthält: Verbesserung der Schuleinkünfte in Steinburg, 1809; Besetzung der Küster- und Schullehrerstelle, 1840-1841

877 Landschulen: Kirchspiel Neuendorf 1836-1841
Enthält: Einziehung der Küster- und Organistenstelle; Schulregulativ für Langenhals

878 Landschulen: Kirchspiel Neuenkirchen 1843-1846
Enthält: Regulierung des Schulwesens

879 Landschulen: Kirchspiel Neukirchen (Propstei Oldenburg) 1848
Enthält: Aufhebung der Verbindung der Schule in Neukirchen mit dem Gut Godderstorf

880 Landschulen: Kirchspiel Neukirchen (Fürstentum Lübeck) 1843-1846
Enthält: Dannau; Engelau; Schulen im Gut Schönweide

881 Landschulen: Kirchspiel Neumünster 1735-1866
Darin: Ansicht und Grundriss einer Schulkate, 1735

882 Landschulen: Kirchspiel Nienstedten 1843, 1852
Enthält: Sülldorf; Anstellung eines Unterlehrers in Nienstedten

883 Landschulen: Kirchspiel Norderhastedt 1863
Enthält: Organisation des Schulwesens

884 Landschulen: Kirchspiel Oldenburg 1843-1844
Enthält: Kröß; Jahnshof

885 Landschulen: Kirchspiel Oldesloe 1811, 1832-1850
Enthält u. a.: Antworten der Schullehrer auf Fragen zum Schulwesen, 1811

886 Landschulen: Kirchspiel Plön 1840-1849
Enthält: Dersau; Glasholz

887 Landschulen: Kirchspiel Preetz 1811, 1842-1844
Enthält u. a.: Grundriss zum Schulhausbau in Löptin, 1811

888 Landschulen: Kirchspiel Pronstorf 1811, 1844
Enthält: Antworten der Schullehrer auf Fragen zum Schulwesen, 1811; Feuerungsdeputate in Reinsbek und Strukdorf, 1844

889 Landschulen: Kirchspiel Quickborn 1841-1842
Enthält: Harksheide

890 Landschulen: Kirchspiel Reinfeld 1834-1846
Darin: gedrucktes Regulativ für die Flecken- und Parzellistenschule in Reinfeld, 1845

891 Landschulen: Kirchspiel Rellingen 1835-1843

892 Landschulen: Kirchspiel Sankt Margarethen 1846-1848
Enthält: Anstellung eines Elementarschullehrers in Sankt Margarethen

893 Landschulen: Kirchspiel Sarau 1843-1844
Enthält: Gehalt des Schullehrers in Gießelrade

894 Landschulen: Kirchspiel Schenefeld 1843-1847

895 Landschulen: Kirchspiel Schlamersdorf 1795, 1842-1847
Enthält: Vermächtnis des Bauervogts Marx Barckmann, Schlamersdorf, an die dortige Schule, 1795; Berlin; Weitewelt; Kembs

896 Landschulen: Kirchspiel Schönberg 1843-1846

897 Landschulen: Kirchspiel Schönkirchen 1809, 1846-1852
Enthält: Neumühlen; Heikendorf

898 **Landschulen: Kirchspiel Segeberg** 1811-1862
Enthält u. a.: Antworten der Schullehrer auf Fragen zum Schulwesen, 1811; Übersichten über die Volksschulen in der Propstei Segeberg, 1837

899 **Landschulen: Kirchspiel Selent** 1833-1843

900 **Landschulen: Kirchspiel Steinbek** 1852
Enthält: Besetzung der zweiten Lehrerstelle an der Schule Sande-Lohbrügge

901 **Landschulen: Kirchspiel Stellau** 1835
Enthält: Wulfsmoor; Hingstheide; Knöll

902 **Landschulen: Kirchspiel Süderau** 1841
Enthält: Ausfall von Schulstunden

903 **Landschulen: Kirchspiel Süderhastedt** 1841-1847
Enthält: Verteilung der Realschullasten; Eggstedt; Hochdonn

904 **Landschulen: Kirchspiel Sülfeld** 1835-1862

905 **Landschulen: Kirchspiel Tellingstedt** 1839-1845
Enthält: Schulzinsen; Tielenhemme

906 **Landschulen: Kirchspiel Trittau** 1849
Enthält: Drahtmühle bei Grönwohld

907 **Landschulen: Kirchspiel Warder** (1808) 1811
Enthält: Antworten der Schullehrer auf Fragen zur Schul-, Küster- und Organistenstelle

908 **Landschulen: Kirchspiel Weddingstedt** 1841
Enthält: Einrichtung von Distriktschulen in Borgholz und Ostrohe

909 **Landschulen: Kirchspiel Wedel** 1825-1847
Enthält: Schulordnung für Wedel; Holm; Unterlehrer und Unterricht an der Hauptschule in Wedel

910 **Landschulen: Kirchspiel Wesselburen** 1839-1844
Enthält: Personal- und Reallschullasten; Einrichtung einer zweiten Elementarschule; Feuerungsdeputat des Schullehrers in Schülp

911 **Landschulen: Kirchspiel Westensee** 1837-1858
Enthält: Felde; Schierensee; Westensee

912 Landschulen: Kirchspiel Wöhrden 1842-1847
Enthält: Gehalt des Elementarschullehrers in Wöhrden; Distriktschule im Friedrichsgabekoog

913 Landschulen: Kirchspiel Woldenhorn 1840-1850

914 Landschulen: Kirchspiel Zarpen 1838-1844
Enthält: Schulgehilfe in Zarpen; Rehhorst; Feuerungsdeputat für den Schullehrer in Willendorf

Universität in Kiel

1131 Universität in Kiel 1768-1778
Enthält: Dispens vom Besuch der Universität; zwei- bzw. dreijähriges Pflichtstudium in Kiel (Studium biennium und triennium); Verhaltenszeugnis für Studenten; Voraussetzungen für Universitätsbesuch; Maturitätsprüfung für Stipendiaten

Gelehrtenschulen

917 Gelehrtenschulen: Reform des höheren Unterrichtswesens 1845-1847

918 Gelehrtenschulen: Regulativ 1848

919 Gelehrtenschulen: Inspektion durch den Generalsuperintendenten 1835-1853

920 Gelehrtenschulen: Altona 1853-1861

921 Gelehrtenschulen: Glückstadt 1818-1844
Darin: gedruckte Instruktionen für die Schullehrer, Schulregulative und Schulgesetze, 1825

922 Gelehrtenschulen: Kiel 1836-1838
Enthält: Mitteilung der Ernennung des Dr. Johann Friedrich Lucht zum Rektor; Verfahren bei der Visitation

923 Gelehrtenschulen: Meldorf 1813-1853, 1872
Darin: gedruckte Instruktionen für die Schullehrer, Schulregulative und Schulgesetze, 1825; gedruckte Einladung zur Abiturprüfung (mit Schulbericht), 1872

924 Gelehrtenschulen: Plön 1812-1845
Darin: gedruckte Instruktionen für die Schullehrer, Schulregulative und Schulgesetze, 1827-1828; Verzeichnis der Schulbibliothek, 1845

925 Gelehrtenschulen: Rendsburg 1816-1855
Darin: gedruckte Schulregulative, 1819

926 Gelehrtenschulen: Schulprogramme 1838-1866
Enthält auch: Gelehrtenschulen in Hamburg

927 Gelehrtenschulen: Abgang der Schüler, Bestrafung, Gymnastikunterricht, Schulbibliothek 1824-1839

Andere Schulen

928 Arbeitsschulen 1829-1852
Enthält u. a.: Schulberichte, 1839
Darin: Druckschrift des Dr. J. F. Kröger über Warteschulen in Hamburg, 1832; Instruktion für die Arbeitsschulen in den Herzoglich Schleswig-Holsteinischen Fideikommissgütern und dem Gut Manhagen, 1829; „Wagrisch-Fehmarnsche Blätter“ vom 6. August bis 10. September 1836

929 Vereinigung der Landschulen mit Arbeitsschulen 1837-1838

930 Garnisonsschulen 1836-1866

931 Privatschulen 1837-1850

Schullehrerseminare

1132 Schullehrerseminar in Kiel 1780-1801, 1823
Darin: gedrucktes Patent zur Besetzung von Schullehrerstellen mit Absolventen des Seminars, 1783

932 Schullehrerseminar in Segeberg: Allgemeines 1837-1842
Enthält u. a.: Gründung; Regulativ

933 Schullehrerseminar in Segeberg: Allgemeines 1843-1854
Darin: „Altonaer Mercur“ vom 25. Mai 1851; gedrucktes Regulativ, 1844

934 Schullehrerseminar in Segeberg: Anstellung von Seminarlehrern 1839-1866

935 Schullehrerseminar in Segeberg: Budget und Gehalt der Schullehrer 1855-1866

936 Schullehrerseminar in Segeberg: Berichte der Seminarlehrer zur Visitation 1843-1865

937 Schullehrerseminar in Segeberg: Berichte des Generalsuperintendenten zur Visitation 1841-1865

938 Schullehrerseminar in Segeberg: Protokoll der Schlusskonferenz der Visitation 1844-1864

940 Schullehrerseminar in Segeberg: Jahresberichte 1841-1852 1842-1853

939 Schullehrerseminar in Segeberg: Jahresberichte 1853-1857 1855-1858

941 Schullehrerseminar in Segeberg: Jahresberichte 1858-1865 1859-1866

942 Schullehrerseminar in Segeberg: Lektionstabellen 1844-1866

943 Schullehrerseminar in Segeberg: Einrichtung der Seminarschule 1847-1852

944 Schullehrerseminar in Segeberg: Benutzung der Kirchenorgel 1858

945 Schullehrerseminar in Segeberg: Stipendium für Seminaristen und Erlass des Schulgeldes 1844-1866

946 Schullehrerseminar in Segeberg: Regelung der Abgangsprüfung 1838-1863

951 Schullehrerseminar in Segeberg: Ernennung der Mitglieder des Examenskolloquiums 1849-1865

947 Schullehrerseminar in Segeberg: Zulassung zur Aufnahmeprüfung 1849-1859

948 Schullehrerseminar in Segeberg: Zulassung Auswärtiger zur Aufnahmeprüfung 1854-1866

949 Schullehrerseminar in Segeberg: Zulassung Auswärtiger zur Abgangsprüfung 1844-1850, 1861

950 Schullehrerseminar in Segeberg: Prüfung der Autodidakten 1851-1865

952 Schullehrerseminar in Segeberg: Verlegung und Ausdehnung des Abgangsexamens 1851-1869

953 Schullehrerseminar in Segeberg: Tagesordnung und Protokoll des Abgangsexamens 1844-1865

954 Schullehrerseminar in Segeberg: Aufgaben für die schriftliche Abgangsprüfung 1844-1865

955 Schullehrerseminar in Segeberg: Aufgaben für die schriftliche Katechese beim Abgangsexamen 1844-1865

956 Schullehrerseminar in Segeberg: Lebensläufe von Bewerbern um Seminarplätze um 1841-um 1852

957 Schullehrerseminar in Segeberg: Verzeichnisse der examinierten Seminaristen 1844-1865

958 Schullehrerseminar in Segeberg: Disziplinarverfahren gegen Seminaristen 1844-1849

959 Schullehrerseminar in Segeberg: Beschuldigung der Seminaristen durch Pastor Christian August Valentiner in Flensburg 1847-1848
Enthält u. a.: Berichte über Seminaristen; Verzeichnis der im Herzogtum Holstein tätigen ehemaligen Seminaristen mit Bemerkungen der Pröpste und Prediger

960 Schullehrerseminar in Segeberg: Militärpflicht der Seminaristen 1848-1850

KIRCHEN- UND SCHULANGELEGENHEITEN DER PROPSTEIEN UND GEMEINDEN

1149 Kirchen- und Schulangelegenheiten: Kiel 1584, 1620-1822

1140 Kirchen- und Schulangelegenheiten: Propstei Kiel (1345) 1621-1774, 1818-1831
Enthält u. a.: Gehöft Ovendorf (mit Abschrift der Schenkungsurkunde des Gehöfts an das Pastorat in Barkau 1345), 1763-1770; Pastoratswahl in Schönkirchen,1621-1738; Ordnung des Chorsingens und der Liturgie in der Klosterkirche Preetz, 1718; Kirchenreparatur und Kirchenbau in Neumünster, 1728-1831
Darin: gedruckte Prozessschriften zum Gehöft Ovendorf

1141 Kirchen- und Schulangelegenheiten: Propstei Kiel 1700-1834
Enthält u. a.: Großenaspe, 1700-1773
Darin: Druckschrift zur Einweihung der Kirche in Großenaspe, 1772; Regulativ zum Leichenbegräbnis in Neumünster, 1813; Regulativ zum Armenwesen im Kirchspiel Neumünster, 1814; Regulativ zur Umlage der Kirchenanlagen im Kirchspiel Brügge, 1821

1143 Kirchen- und Schulangelegenheiten: Propstei Münsterdorf 1634-1833

1150 Kirchen- und Schulangelegenheiten: Neustadt (1460-) 1650-1828

1138 Kirchen- und Schulangelegenheiten: Propstei Norderdithmarschen 1657-1833
Darin: gedruckte Konstitution zum Armenwesen im Kirchspiel Lunden, 1809

1159 Kirchen- und Schulangelegenheiten: Oldenburg 1689-1798

1142 Kirchen- und Schulangelegenheiten: Propstei Oldenburg 1831, 1834
Enthält: Vergütung des Schullehrers in Poggenpohl für Glockenläuten in Cismar; Wahl des Kompastors Jacob Carl Gottlieb Koltmann zum Hauptpastor in Grube

1144 Kirchen- und Schulangelegenheiten: Propstei Pinneberg 1688, 1720-1836
Enthält u. a.: Streitigkeiten zwischen Pastor Matthias Christian Hartnack, Haseldorf, und Schulmeister Franz Kistner, 1728-1730

1145 Kirchen- und Schulangelegenheiten: Propstei Plön 1730-1833
Enthält u. a.: Gründung der Breitenauschen Schulstiftung, 1730
Darin: gedruckte Verordnungen

1146 Kirchen- und Schulangelegenheiten: Propstei Rantzau 1631-1648, 1702, 1802-1827
Enthält u. a.: General- und Spezialkirchenvisitation, 1642-1646; Spezialkirchenvisitation in Barmstedt, 1643-1646; Kirchenrechnung in Barmstedt, 1643-1646

1147 Kirchen- und Schulangelegenheiten: Propstei Rendsburg 1642, 1691-1834

Enthält u. a.: Bericht über das Schulwesen, 1738, 1756-1762
Darin: Regulativ zur Umlage der Kirchenanlagen im Kirchspiel Kellinghusen, 1821

1151 Kirchen in Sahms, Sandesneben und Siebenbäumen 1642-1739

Enthält u. a.: Kirchen- und Kirchspielsrechnung in Sahms, 1642-1709; Generalkirchenvisitationen

1139 Kirchen- und Schulangelegenheiten: Propstei Süderdithmarschen 1630, 1680, 1707-1833, 1848

Enthält u. a.: Kommissionsbericht zur Verbesserung der Schulen, 1743

STIFTUNGEN UND ARMENWESEN

Stiftungen

1137 Legate und Stiftungen (1754) 1773-1828

Enthält: Münsterdorf, 1773; Gut Kronsburg, 1777; Propstei Segeberg, 1797; Bericht über Stiftungen im Gut Ahrensburg, 1828; Woldenhorn, 1814 (mit Abriss zur Geschichte der Kirche in Woldenhorn, um 1754)

961 Berichte und Verordnungen zu geistlichen Kapitalien 1743

963 Stipendium Harmsianum 1841-1855

964 Verzeichnis von Studenten mit Ende 1821 und Anfang 1822 verliehenen Stipendien 1821-1822

965 Stiftungen im Kirchspiel Altenkrempe 1776-1777

995 Vermächtnis des Etatsrats und Bürgermeisters Johann Daniel Baur in Altona (1831) 1832-1834

Darin: 1.-3. Jahresbericht über die Warteschulen in Hamburg, 1831-1833

966 Stiftungen im Kirchspiel Blekendorf 1762

967 Stiftungen im Kirchspiel Brunsbüttel (1650) 1785, 1808, 1826

969 Stiftungen im Kirchspiel Eddelak (1784-) 1797

970 Stiftungen im Kirchspiel Flemhude 1738

971 Stiftungen im Kirchspiel Glückstadt (1676-) 1797

972 Stiftungen im Kirchspiel Grömitz 1777

973 Stiftungen im Kirchspiel Hansühn (1664) 1770-1777

974 Stiftung des Landesgevollmächtigten Jacob Friedrich Elvers und seiner Frau Catharina Elisabeth in Heide 1826

975 Stiftungen im Kirchspiel Heiligenhafen (1699, 1719) 1797

976 Stiftung der Äbtissin Ottilia Elisabeth von Ahlefeldt in Itzehoe (1780) 1822

977 Stiftungen im Kirchspiel Kaltenkirchen (1731, 1737) 1797

978 Gründung des Muhliusschen Waisenhauses in Kiel 1761

962 Muhliussches Waisenhaus in Kiel 1840-1846

979 Stiftungen im Kirchspiel Kirchbarkau 1772-1776

980 Stiftungen im Kirchspiel Kirchnüchel 1809

968 Stiftungen im Kirchspiel Krempe (1621-) 1797

981 Stiftungen im Kirchspiel Marne (1683-) 1792

982 Stiftungen im Kirchspiel Neustadt (1344-) 1797-1809
Enthält u. a.: Abschriften zum Hospital in Neustadt, 1344-1559

983 Stiftungen im Kirchspiel Oldenburg (1591-) 1744-1797

984 Stiftungen im Kirchspiel Oldesloe (1766-) 1797-1798

985 Legat des Landdrostes Marcus vom Walde in Pinneberg (1626) 1696

986 Stiftungen im Kirchspiel Rendsburg (1478-) 1798

987 Legat im Gut Sarlhusen zum Ankauf von Schulbüchern für arme Kinder 1826

988 Hollische Stiftung in Schiffbek (1731) 1797

989 Stiftung des Nicolaus Winckler in Segeberg (1667) 1798

990 Stiftungen im Amt Trittau (1794) 1824

991 Armenhaus im Kirchspiel Westensee 1737-1769

992 Stiftungen im Kirchspiel Wewelsfleth 1797

993 Auszüge aus dem Testament der Frau des Etatsrats Doos in Wilster (1829) 1832

994 Stiftungen im Kirchspiel Woldenhorn (1768-) 1773

Armenwesen

996 Rechnungsführung über die Armengelder, Armenwaisen, Unterhalt der Soldatenkinder im Christians-Pflegehaus in Eckernförde 1753-1782, 1802

997 Regulative für Armen- und Arbeitsanstalten und zur Verwaltung des Armenwesens 1840-1853
Enthält auch: Kirchspiel Hollingstedt, 1848; Kirchspiel Boren, 1841

998 Armenwesen: Verordnungen und Instruktionen (1809) 1835-1845
Enthält u. a.: Verzeichnis der Armenkommünen der adligen Distrikte
Darin: Konstitution des Armenwesens im Kirchspiel Lunden, 1809; Armenordnungen der Herzogtümer Schleswig und Holstein, 1841; Regulativ des Armenwesens in Neustadt, 1837; gedruckte Verordnungen

999 Armenordnungen einzelner Distrikte 1708-1739, 1772, 1806-1853

1000 Vermächtnisse für die Armenpflege 1844-1847
Enthält: Major von der Pforten und Justizrat Callensen, Rendsburg; Güter Oppendorf und Schönhorst

1001 Armenhäuser 1839-1858

1002 Armenwesen: Irrenanstalt in Schleswig und außerordentliche Unterstützungen 1839-1848
Enthält: Nachrichten zur Aufnahme, Verpflegung und Entlassung der Kranken in der Irrenanstalt, 1839; Rundschreiben zum Brand in Hamburg, 1842; Unterstützung von Landsoldatenfamilien, 1848

SAMMLUNG BURCHARDI (COLLECTANEA ECCLESIASTICA BURCHARDI)

Die Sammlung wurde begonnen vom Segeberger Propst Georg Hinrich Burchardi (1624-1701) und fortgesetzt von seinem Sohn Peter Anton (1656-1714), seinem Enkel Heinrich Anton (1700-1772) und seinem Urenkel Johann Anton (1740-1823).
Vgl. dazu Samuel Christoph Burchardi: Ueber Synoden besonders die im 17ten und 18ten Jahrhundert gehaltenen Schleswig-Holsteinischen, königlichen Anteils, aus handschriftlichen Nachrichten. Oldenburg in Holstein 1837, III-IV.

1170 Sammlung Burchardi, Band 1: Kirchenverordnungen 1591-1704
Enthält auch: biografisches Verzeichnis der Erzbischöfe von Hamburg, der Bischöfe von Oldenburg und Lübeck, der königlichen Generalsuperintendenten
Mit Inhaltsverzeichnis und sachsystematischem Index

1171 Sammlung Burchardi, Band 2: Kirchenverordnungen 1603-1750
Enthält auch: Verzeichnis der Pastoren in Segeberg und Sonderburg
Mit Inhaltsverzeichnis und sachsystematischem Index

1172 Sammlung Burchardi, Band 3 1691-1843
Enthält u. a.: Synoden in Rendsburg, 1691-1737; Verzeichnis und biografische Angaben zu den Organisten, Kirchendienern und Pastoren in Lensahn
Mit Inhaltsverzeichnis

1173 Sammlung Burchardi, Band 4: Verordnungen und Reskripte 1716-1763
Enthält u. a.: Verzeichnis der Predigereinkünfte und Witwenpensionen in der Propstei Tondern, 1756
Mit Inhaltsverzeichnis

1174 Sammlung Burchardi, Band 5: Rundschreiben in der Propstei Segeberg 1736-1751
Enthält auch: Inventar und Einkünfte des Pastorats in Segeberg

AKTENVERZEICHNISSE UND ALTE FINDMITTEL

1163 Aktenverzeichnis zu den adligen Kirchen mit Angaben zur Anzahl der Prediger und zu den Patronaten [1773]

1 Registrant des holsteinischen Generalsuperintendenturarchivs 1808-1833

1175 Registrant des holsteinischen Generalsuperintendenturarchivs 1808-2000

1176 Verzeichnis über das Archiv des holsteinischen Generalsuperintendenten 1924-2000

REGISTER

Personenregister

Sachregister

Ortsregister

GENERALSUPERINTENDENTEN IM HERZOGTUM SCHLESWIG

Gottorfische Generalsuperintendenten

Volquard Jonas	1549-1563
Paul von Eitzen	1563-1593
Jacob Fabricius d. Ä.	1593-1610
Philipp Cäsar	1610-1616
Jacob Fabricius d. Ä.	1616-1640
Jacob Fabricius d. J.	1640-1645
Johann Reinboth	1645-1673
Sebastian Niemann	1674-1684
Caspar Herrmann Sandhagen	1684/1689-1697
Hinrich Muhlius	1698-1713

Königliche Generalsuperintendenten

Stephan Klotz	1636-1668
Bonaventura von Rehefeld	1668-1673
Johann Hudemann	1673-1678
Christian von Stöcken	1678-1684
Josua Schwartz	1684-1709
Theodor Dassow	1709-1721
Thomas Clausen	1721-1724
Andreas Hoyer	1724-1728
Georg Johannes Conradi	1728-1747
Jeremias Friedrich Reuß	1747-1757
Amt nicht besetzt	1757-1759
Adam Struensee	1759-1791
Jacob Georg Christian Adler	1792-1834
Christian Friedrich Callisen	1835-1848
Johannes Andreas Rehoff	1848-1850 (dänischsprachiger Teil)
Nicolaus Johann Ernst Nielsen	1848-1851 (deutschsprachiger Teil)
Jep Hansen	1850-1857 (dänischsprachiger Teil)
Christoph Karl Julius Asschenfeldt	1850-1854 (deutschsprachiger Teil)
Ulrich Sachmann Boesen	1854-1864

Preußische Generalsuperintendenten

Bertel Petersen Godt	1864-1885
Theodor Heinrich Christian Kaftan	1886-1917
Friedrich Petersen	1917-1925

GENERALSUPERINTENDENTEN IM HERZOGTUM HOLSTEIN

Gottorfische Generalsuperintendenten

Hinrich Muhlius	1698-1733
Georg Hinrich Reimarus	1733-1735
Anton Kaspar Engel	1738-1748
Gustav Christoph Hoßmann	1749-1766
Friedrich Franz Hasselmann	1766-1773

Königliche Generalsuperintendenten

Stephan Klotz	1636-1668
Johann Hudemann	1668-1678
Christian von Stöcken	1678-1684
Herrmann Erdmann	1684-1687
Justus Valentin Stemann	1688-1689
Josua Schwartz	1689-1709
Theodor Dassow	1709-1721
Thomas Clausen	1721-1724
Andreas Hoyer	1724-1728
Johann Georg Conradi	1728-1747
Jeremias Friedrich Reuß	1749-1757
Vakanz	1757-1759
Adam Struensee	1759-1791
Johann Leonhard Callisen	1792-1806
Jacob Georg Christian Adler	1806-1834
Johann Karl Julius Hertzbruch	1835-1855
Wilhelm Heinrich Koopmann	1855-1871

Preußische Generalsuperintendenten

Andreas Detlef Jensen	1872-1891
Justus Ruperti	1891-1899
Ernst Walrodt	1900-1912
Peter Friedrich Petersen	1912-1917
Adolf Mordhorst	1917-1924

KONKORDANZEN DER BESTÄNDE ABT. 18 UND ABT. 19

Konkordanz zu Abt. 18

alte Nummer	neue Nummer	alte Nummer	neue Nummer	alte Nummer	neue Nummer	alte Nummer	neue Nummer
2a	3	42a III	55	58	107	74.1g	159
3	4	42a IV	56	59	108	74.1h	160
3a	5	42b	57	60	109	74.1i	161
3b	6	42c	58	62	110	74.1k	162
4	7	43a	59	63	111	74.1l	163
5	8	45	60	65	112	74.1m	164
6	9	45a	61	66	113	74.2	165
7	10	45b	62	67	114	75	166
7a	11	45c	63	68	115	86	167
8	12	46	64	69	116	87	168
9	13	46a I	65	70a	117	87A 2	169
10	14	46a II	66	70b	118	87A 5	170
16	15	46a III	67	70c	119	87A 7	171
17	16	46b	68	70d	120	87A 8	172
17a	17	46c I	69	70e	121	87A 9a+b	173
18	18	46c II	70	70f	122	87A 9c	174
18a	19	46d	71	70g	123	87A 9d	175
19	20	46e	72	70h	124	87A 10	176
20	21	46f	73	70i	125	87A 12	177
21	22	46g I	74	70k	126	87A 14	178
22	23	46g II	75	70l	127	87A 15	179
23	24	46g III	76	70m	128	87A 16	180
24	25	47	77	70n	129	87A 17	181
25	26	47a	78	70o	130	87A 18	182
26	27	47b	79	70p	131	87A 19a	183
27	28	47c	80	71a	132	87A 19b	184
27a	29	47d	81	71b	133	87A 21	185
28	30	47e	82	71c	134	87A 24a+b	186
29	31	48	83	71d	135	87A 25	187
29a	32	48a	84	71e	136	87A 26	188
30	33	48b	85	71f	137	87A 27	189
30a	34	48c	86	71g I	138	87A 28	190
31	35	48d	87	71g II	141	87A 29	191
32	36	49	88	71h	139	87A 31	192
33	37	49a	89	71i	140	87A 32	193
34	38	49b	90	71k	142	87A 33	194
35	39	49c	91	71l	143	87A 34	195
36	40	49d	92	71m	144	87A 35	196
37	41	50	93	71n	145	87a 36a	197
38 I	42	50a	94	71o	146	87A 36b	198
38 II	43	50b	95	71p	147	87A 37	199
39	44	50c	96	71q	148	87A 38	200
39a	45	51	97	71r	149	87A 40a+b	201
39b	46	51a	98	72	150	87A 42	202
40	47	51b	99	72a	151	87A 43	203
41a	48	52	100	73	152	87A 44	204
41b	49	52a	101	73a	153	87A 45	205
41c	50	52b	102	74	154	87A 48	206
41d	51	52c	103	74.1a	155	87A 49	207
42	52	55	104	74.1d	156	87A 50	208
42a I	53	56	105	74.1e	157	87A 51	209
42a II	54	57	106	74.1f	158	87A 52a+c	210

Konkordanz zu Abt. 18

alte Nummer	neue Nummer	alte Nummer	neue Nummer	alte Nummer	neue Nummer	alte Nummer	neue Nummer
87A 53a+b	211	87A 111	252	87A 159	293	87B 4b	334
87A 54	212	87A 112a-c	253	87A 160	294	87B 4c	335
87A 55	213	87A 113	254	87A 162	295	87B 4d	336
87A 58	214	87A 114	255	87A 163	296	87B 5a	337
87A 61	215	87A 115	256	87A 165a+b	297	87B 5b	338
87A 62	216	87A 116	257	87A 166	298	87B 5c	339
87A 63a+b	217	87A 119	258	87A 167	299	87B 5d	340
87A 64d	218	87A 120a+b	259	87A 168	300	87B 5e	341
87A 66a+b	219	87A 121	260	87A 169	301	87B 5f	342
87A 68	220	87A 122	261	87A 171	302	87B 5g	343
87A 70	221	87A 123	262	87A 172a+b	303	87B 5h	344
87A 73a+b	222	87A 124	263	87A 175	304	87B 5i	345
87A 74	223	87A 128	264	87A 178a+b	305	87B 5k	346
87A 75a+b	224	87A 129	265	87B 2a	306	87B 5l	347
87A 77	225	87A 130	266	87b 2b	307	87B 5m	348
87A 79a+b	226	87A 131a-c	267	87B 2c	308	87B 5n	349
87A 81	227	87A 132	268	87B 2d	309	87B 5o	350
87A 82	228	87A 133	269	87B 2e	310	87B 5p	351
87A 83	229	87A 134	270	87B 2f	311	87B 5q	352
87A 84	230	87A 135	271	87B 2g	312	87B 5r	353
87A 86	231	87A 136	272	87B 2h	313	87B 5r I+II	354
87a 87	232	87A 138	273	87B 2i	314	87B 5s	355
87A 88	233	87A 139	274	87B 2k	315	87B 5t	356
87A 89	234	87A 140a	275	87B 3a	316	87B 5u	357
87A 90	235	87A 140b+c	276	87B 3b	317	87B 5v	358
87A 91	236	87A 140d	277	87B 3c	318	87B 5w	359
87A 92	237	87A 140e	278	87B 3d	319	87B 6a	360
87A 93	238	87A 141	279	87B 3e	320	87B 6b	361
87A 96	239	87A 142a+b	280	87B 3f	321	87B 6c	362
87A 97	240	87A 143a+b	281	87B 3g	322	87B 6d	363
87A 98	241	87A 144	282	87B 3h	323	87B 6e	364
87A 100	242	87A 145	283	87B 3i	324	87B 6f	365
87A 101	243	87A 148	284	87B 3k	325	87B 6g	366
87A 102	244	87A 149	285	87B 3l	326	87B 6h	367
87A 103	245	87A 150	286	87B 3m	327	87B 6i	368
87A 104	246	87A 181a+b	287	87B 3n	328	87B 6k	369
87A 105a+b	247	87A 152	288	87B 3o	329	87B 6l	370
87A 107	248	87A 153	289	87B 3p	330	87B 6m	371
87A 108a-c	249	87a 155a+b	290	87B 3q	331	87B 6n	372
87A 109	250	87A 156a+b	291	87B 3r+s	332	87B 6o	373
87A 110	251	87A 158	292	87B 4a	333	87B 6p	374

Konkordanz zu Abt. 18

alte Nummer	neue Nummer	alte Nummer	neue Nummer	alte Nummer	neue Nummer	alte Nummer	neue Nummer
87B 6q	375	87B 13c	432	110c	489	167	546
87B 8a	376	87B 13e	433	110d	490	168	547
87B 8b	377	87B 13f	434	110e	491	169	548
87B 8c	378	87B 13h	435	110f	492	170	549
87B 8d	379	87B 13i	436	110g	493	170a	550
87B 8e	380	87B 13k	437	110h	494	171	551
87B 8f	381	87B 13l	438	110i	495	172	552
87B 8g	382	87B 13m	439	110k	496	173	553
87B 8h	383	88	440	110l	497	174	554
87B 8i	384	88a	441	110m	498	175	555
87B 8k	385	88b	442	110n	499	176	556
87B 8l	386	88c	443	110o	500	177	557
87B 8m	387	89	444	111	501	178	558
87B 8n	388	90	445	112	502	179	559
87B 8o	389	91	446	112a	503	180	560
87B 8p	390	91a	447	112b	504	181	561
87B 8q	391	92	448	113	505	182	562
87B 9a	392	92a	449	113a	506	183	563
87B 9b	393	94	450	114.1-4	507	184	564
87B 9c	394	96	451	114.5 I+III	508	185	565
87B 9d	395	96a	452	114.5 II	509	186	566
87B 9e	396	96b	453	114.6	510		
87B 9f	397	96c	454	114.8	511		
87B 9g	398	96d	455	114.9	512		
87B 9h	399	97	456	114.11	513		
87B 9i+k	400	99	457	114.12	514		
87B 11b	401	99a	458	114.13/14	515		
87B 11c	402	100	459	115	516		
87B 11f	403	100a	460	116	517		
87B 11g	404	100b	461	117	518		
87B 11h	405	100c	462	140	519		
87B 11i	406	100d	463	141	520		
87B 11l	407	100e	464	142	521		
87B 11n	408	100f	465	143	522		
87B 11o	409	100g	466	144	523		
87B 11p	410	100h	467	145	524		
87B 11t	411	100i	468	146	525		
87B 11v	412	101 II	469	147	526		
87B 11x	413	101 III	470	148	527		
87B 11y	414	101 IV	471	149	528		
87B 11z	415	101 V	472	150	529		
87B 11aa	416	101 VI	473	151	530		
87B 11bb	417	101 VIII	474	152	531		
87B 11cc	418	102 IX	475	153	532		
87B 11dd	419	102 XI	476	154	533		
87B 11ee	420	103	477	155	534		
87B 11ff	421	104	478	156	535		
87B 11gg	422	105	479	157	536		
87B 11hh+ii	423	106	480	158	537		
87B 11nn	424	106a	481	159	538		
87B 11pp	425	107	482	160	539		
87B 11qq	426	108	483	161	540		
87B 11rr	427	108a	484	162	541		
87B 11ss	428	109	485	163	542		
87B 13	429	110	486	164	543		
87B 13a	430	110a	487	165	544		
87B 13b	431	110b	488	166	545		

Konkordanz zu Abt. 19

alte Nummer	neue Nummer	alte Nummer	neue Nummer	alte Nummer	neue Nummer	alte Nummer	neue Nummer
1a	1	48	53	91b	105	111.3	157
1b	2	49	54	92	106	111.4	158
2	3	49a	55	93	107	111.5	159
3	4	50	56	94	108	111.6	160
4	7	51	57	95	109	111.7	161
6	5	52	58	96	110	111.8	162
7	6	52a	59	97	111	111.9	163
8	8	52b	60	98	112	111.10	164
9	9	53	61	99	113	111.11	165
10	10	54	62	100	114	111.12	166
10a	11	55	63	100a	115	112	167
11	12	56	64	101a	116	112.2	168
12	13	57	65	101b	117	112.3	169
13	14	58	66	102	118	112.4	170
14	15	59	67	103	119	112.5	171
15	16	60	68	104	120	112.6	172
16	17	61	69	105	121	112.7	173
17	18	61a	70	105.2	122	112.8	174
18	19	62	71	105.3	123	112.9	175
19	20	63	72	105.4	124	112.10	176
20	21	64	73	105.5	125	112.11	177
21	22	65 I	74	105.6	126	112.12	178
22	23	65 II.1	75	105.7	127	112.13	179
23	24	65 II.2	76	105.8	128	113.1	180
23a	25	66	77	105.9	129	113.2	181
24	26	67	78	105.10	130	113.3	182
25	27	68	79	106.1	131	113.4	183
26	28	69	80	106.2	132	113.5	184
27	29	70 I	81	107.1	133	113.6	185
28	30	70 II	82	107.2	134	113.7	186
29	31	71	83	108.1	135	113.8	187
30	32	72 I	84	108.2	136	113.9	188
31	33	72 II	85	108.3	137	113.10	189
33	34	73	86	109	138	113.11	190
34	35	74	87	109.2	139	113.12	191
35	36	75	88	109.3	140	114.1	192
36	37	76	89	109.4	141	114.2	193
37	38	77	90	109.5	142	114.3	194
38	39	78	91	109.6	143	114.4	195
39	40	79	92	110	144	114.5	196
40	41	80	93	110.2	145	114.6	197
41	42	81	94	110.3	146	114.7	198
42	43	82	95	110.4	147	114.8	199
43	44	82a	96	110.5	148	114.9	200
44	45	83	97	110.6	149	114.10	201
44a	46	84	98	110.7	150	114.11	202
44b	47	85	99	110.8	151	115	203
45	48	86	100	110.9	152	115.2	204
46	49	87	101	110.10	153	115.3	205
47 I	50	88	102	110.11	154	115.4	206
47 II.1	51	89	103	111.1	155	115.5	207
47 II.2	52	91	104	111.2	156	115.7	208

Konkordanz zu Abt. 19

alte Nummer	neue Nummer	alte Nummer	neue Nummer	alte Nummer	neue Nummer	alte Nummer	neue Nummer
115.8	209	122	261	160.2	313	174	365
115.9	210	123	262	160.3	314	175	366
115.10	211	124	263	160.4	315	176	367
115.11	212	125.1	264	160.5	316	177	368
115.12	213	125.2	265	160.6	317	178	369
116.1	214	125.3	266	160.7	318	180	370
116.2	215	125.4	267	160.8	319	181	371
116.3	216	125.5	268	160.9	320	182	372
116.4	217	125.6	269	160.10	321	183	373
116.5	218	125.7	270	160.11	322	184	374
116.6	219	126	271	160.12	323	185	375
116.7	220	127	272	160.13	324	186	376
116.8	221	128	273	160.14	325	187	377
116.9	222	129	274	160.15	326	188	378
116.10	223	129a	275	161	327	189	379
116.11	224	130	276	162	328	190	380
116.12	225	131	277	163	329	190.2	381
116.13	226	132	278	164	330	191	382
117.1	227	133	279	167.1	331	192	383
117.2	228	134	280	167.2	332	193	384
117.3	229	135	281	167.3	333	194	385
117.4	230	136	282	167.4	334	195	386
117.5	231	137	283	167.5	335	196	387
117.6	232	138	284	167.6	336	197	388
117.7	233	139	285	167.7	337	198	389
117.8	234	140	286	167.8	338	199	390
117.9	235	141	287	167.9	339	200	391
117.10	236	142	288	167.10	340	201	392
118.1	237	143	289	167.11	341	202	393
118.2	238	144	290	167.12	342	203	394
118.3	239	145	291	167.13	343	204	395
118.4	240	146	292	167.14	344	205	396
118.5	241	147	293	167.15	345	206	397
118.6	242	149	294	167.16	346	207	398
118.7	243	150	295	167.17	347	208	399
118.8	244	154	296	167.18	348	209	400
118.9	245	155	297	167.19	349	210	401
118.10	246	156	298	167.20	350	211	02
119	247	157	299	167.21	351	212	403
119.2	248	157a	300	167.22	352	213	404
119.3	249	157c	301	167.23	353	214	405
119.4	250	158	302	168	354	215	406
119.5	251	159.1	303	168.2	355	216	407
119.6	252	159.2	304	168.3	356	217	408
119.7	253	159.3	305	168.4	357	218	409
119.8	254	159.4	306	168.5	358	219	410
119.9	255	159.5	307	168.6	359	220	411
119.10	256	159.6	308	169	360	221	412
119.11	257	159.7	309	170	361	221a	413
119.12	258	159.8	310	171	362	222	414
120	259	159.9	311	172	363	223	415
121	260	160.1	312	173	364	224	416

Konkordanz zu Abt. 19

alte Nummer	neue Nummer	alte Nummer	neue Nummer	alte Nummer	neue Nummer	alte Nummer	neue Nummer
225	417	278	469	301	521	350.2	573
227	418	279	470	302	522	351.1	574
228	419	280	471	303	523	351.2	575
228a	420	283	472	304	524	352	576
229	421	284	473	305	525	353	577
230	422	285	474	305.2	526	354	578
231	423	286	475	306	527	355	579
232	424	287	476	307	528	356	580
233	425	288	477	308	529	357.1	581
234	426	289.2	478	309	530	357.2	582
235	427	289.4	479	310	531	358	583
236	428	289.5	480	311	532	359	584
237	429	289.6	481	312	533	359.2	585
238	430	289.7	482	313	534	359.3	586
239	431	289.8	483	314	535	359.4	587
240	432	290.1	484	315	536	359.5	588
241	433	290.2	485	316	537	359.6	589
242	434	290.3	486	317	538	359.7	590
243	435	290.4	487	318	539	359.8	591
244	436	290.5	488	319	540	359.9	592
245	437	291.1	489	319.2	541	359.10	593
246	438	292.1	490	320	542	360.1	594
247	439	292.2	491	321	543	360.2	595
248	440	292.3a	492	322	544	360.3	596
249	441	292.3b	493	323	545	360.4	597
250	442	292.4	494	324	546	360.5	598
251	443	293.1	495	324.2	547	360.6	599
252	444	293.2	496	325	548	360.7	600
253	445	294	497	326	549	360.8	601
254	446	295	498	327	550	360.9	602
255	447	296.1	499	328	551	360.10	603
256	448	296.2	500	329	552	360.11	604
258	449	296.3	501	330	553	360.12	605
259	450	296.4	502	331	554	360.13	606
260	451	296.5	503	332	555	360.14	607
261	452	296.6	504	333	556	360.15	608
262	453	296.7	505	334	557	361.1	609
263	454	297.1	506	335	558	361.2	610
264	455	297.2	507	336	559	361.3	611
265	456	297.3	508	337	560	361.4	612
266	457	297.4	509	338	561	361.5	613
267	458	297.5	510	339	562	361.6	614
268	459	297.6	511	340	563	361.7	615
269	460	297.8	512	341	564	361.8	616
270	461	297.9	513	342	565	361.9	617
272	462	297.10	514	343	566	361.10	618
273	463	297.11	515	344	567	361.11	619
273a	464	297.12	516	345	568	361.12	620
274	465	297.13	517	346	569	361.13	621
275	466	298	518	347	570	361.14	622
276	467	299	519	349	571	361.15	623
277	468	300	520	350	572	362.1	624

Konkordanz zu Abt. 19

alte Nummer	neue Nummer	alte Nummer	neue Nummer	alte Nummer	neue Nummer	alte Nummer	neue Nummer
362.2	625	366.10	677	404	729	464	781
362.3	626	366.11	678	405	730	465	782
362.4	627	366.12	679	406	731	466	783
362.5	628	367.1	680	407	732	467	784
362.6	629	367.2	681	408	733	468	785
362.7	630	367.3	682	409	734	469	786
362.8	631	367.4	683	410	735	470	787
362.9	632	367.5	684	411	736	471	788
362.10	633	367.6	685	413	737	472	789
362.11	634	367.7	686	414	738	473	790
362.12	635	367.8	687	415	739	474	791
362.13	636	367.9	688	416	740	475	792
362.14	637	368.1	689	417	741	476	793
362.15	638	368.2	690	418	742	477	794
362.16	639	368.3	691	419	743	478	795
362.17	640	368.4	692	420	744	479	796
362.18	641	368.5	693	421	745	480.1	797
362.19	642	368.6	694	422	746	480.2	798
362.20	643	368.7	695	423	747	481.1-5	799-805
363.1	644	369	696	424	748	482	806
363.2	645	370	697	425	749	483	807
363.3	646	371	698	426	750	484	808
364.1	647	372	699	427	751	485	809
364.2	648	373	700	428	752	486	810
364.3	649	374	701	430	753	487	811
364.4	650	375	702	431	754	488	812
364.5	651	376	703	437	755	489	813
364.6	652	377	704	439	756	490	814
364.7	653	378	705	440	757	491	815
364.8	654	379	706	441	758	492	816
364.9	655	380	707	442	759	493	817
365.1	656	381	708	443	760	494	818
365.2	657	382	709	444	761	495	819
365.3	658	383	710	445	762	496	820
365.4	659	384	711	446	763	497	821
365.5	660	385	712	447	764	498	822
365.6	661	386	713	448	765	499	823
365.7	662	387	714	449	766	500	824
365.8	663	388	715	450	767	501	825
365.9	664	389	716	451	768	502	826
365.10	665	390	717	452	769	503	827
365.11	666	391	718	453	770	504	828
365.12	667	392	719	454	771	505	829
366.1	668	393	720	455	772	506	830
366.2	669	394	721	456	773	507	831
366.3	670	395	722	457	774	508	832
366.4	671	396	723	458	775	509	833
366.5	672	397	724	459	776	510	834
366.6	673	398	725	460	777	511.1	835
366.7	674	399	726	461	778	511.2	836
366.8	675	402	727	462	779	511.3	837
366.9	676	403	728	463	780	511.4	838

Konkordanz zu Abt. 19

alte Nummer	neue Nummer	alte Nummer	neue Nummer	alte Nummer	neue Nummer	alte Nummer	neue Nummer
512.1	839	523.2	890	546	942	569.30	994
512.3	840	523.3	891	547	943	571	995
512.4	841	524.1	892	548	944	573	996
512.5	842	524.2	893	549	945	574	997
512.6	843	524.3	894	550	946	575	998
512.7	844	524.4	895	551	951	576	999
512.8	845	524.5	896	552	947	577	1000
512.9	846	524.6	897	553	948	578	1001
513.1	847	524.7	898	554	949	579	1002
513.2	848	524.8	899	555	950	580 I	1003
513.3	849	524.9	900	556	952	580 II	1004
513.4	850	524.10	901	557	953	581 I	1005
514.1	851	524.11	902	558	954	581 II	1006
514.2	852	524.12	903	559	955	582	1007
514.3	853	524.13	904	560	956	583	1008
514.4	854	525.1	905	561	957	584	1009
514.5	855	525.2	906	562	958	585	1010
515.1	856	526.1	907	563	959	600	1011
515.2	857	526.2	908	564	960	601	1012
515.3	858	526.3	909	565	961	602	1013
515.4	859	526.4	910	566	962	603	1014
515.5	860	526.5	911	567	963	604	1015
515.6	861	526.6	912	568	964	605	1016
515.7	862	526.7	913	569.1	965	606	1017
515.8	863	527	914	569.2	966	607	1018
515.9	864	528	915	569.3	967	608	1019
516	865	529	916	569.4	968	609	1020
517.1	866	530	917	569.5	969	610 I	1021
517.2	867	531	918	569.6	970	610 II	1022
517.3	868	532	919	569.7	971	610 III	1023
517.4	869	533.1	920	569.8	972	611	1024
517.5	zu 840	533.2	921	569.9	973	612	1025
518.1	870	533.3	922	569.10	974	613	1026
518.2	871	533.4	923	569.11	975	614	1027
518.3	872	533.5	924	569.12	976	615 I	1028
518.4	873	533.6	925	569.13	977	615 II	1029
518.5	874	534	926	569.14	978	616	1030
519	875	535	927	569.15	979	617	1031
520.1	876	536	928	569.16	980	618	1032
520.2	877	537	929	569.17	981	619	1033
520.3	878	538	930	569.18	982	620	1034
520.4	879	539	931	569.19	983	621	1035
520.5	880	539a	932	569.20	984	622	1036
520.6	881	539b	933	569.21	985	623	1037
520.7	882	540	934	569.22	986	624	1038
520.8	883	541	935	569.23	987	625	1039
521.1	884	542	936	569.24	988	626	1040
521.2	885	543	937	569.25	989	627	1041
522.1	886	544	938	569.26	990	628	1042
522.2	887	545.1	939	569.27	991	629	1043
522.3	888	545.2	940	569.28	992	630	1044
523.1	889	545.3	941	569.29	993	631	1045

Konkordanz zu Abt. 19

alte Nummer	neue Nummer	alte Nummer	neue Nummer	alte Nummer	neue Nummer
632	1046	685	1098	742	1150
633	1047	686	1099	743	1151
634 I	1048	687	1100	744	1152
634 II	1049	688	1101	745	1153
635	1050	689	1102	746	1154
636	1051	690	1103	747	1155
637	1052	691	1104	748	1156
638	1053	692	1105	749	1157
639	1054	693	1106	750	1158
640	1055	694	1107	751	1159
641	1056	695	1108	752	1160
642 I	1057	695a	1109	753	1161
642 II	1058	696	1110	754	1162
643	1059	697	1111	755	1163
644	1060	698	1112	756	1164
645	1061	699	1113	757	1165
646	1062	700	1114	758	1166
647	1063	701	1115	759	1167
649	1064	702	1116	760	1168
649	1065	703	1117	761	1169
650	1066	704	1118	762	1170
651	1067	705	1119	763	1171
652	1068	706	1120	764	1172
653	1069	707	1121	765	1173
654	1070	708	1122	766	1174
655	1071	709	1123	767	1175
656	1072	710	1124		
657	1073	711	1125		
658	1074	712	1126		
659	1075	713	1127		
660	1076	714	1128		
665	1077	715	1129		
666	1078	716	1130		
667	1079	717	1131		
668	1080	718	1132		
669	1081	719	1133		
670	1082	720	1134		
671	1083	721 I	1135		
672	1084	721 II	1136		
673	1085	722	1137		
674	1086	730	1138		
675	1087	731	1139		
676	1088	732	1140		
677	1089	733	1141		
678	1090	734	1142		
679	1091	735	1143		
679a	1092	736	1144		
680	1093	737	1145		
681	1094	738	1146		
682	1095	739	1147		
683	1096	740	1148		
684	1097	741	1149		

VERÖFFENTLICHUNGEN DES LANDESARCHIVS SCHLESWIG-HOLSTEIN

Band 1: Findbuch der Bestände Abt. 268 und 285: Lübecker Domkapitel mit Großvogtei und Vikarien sowie Amt Großvogtei, von Wolfgang Prange. 1975. XVII, 324 Seiten. ISBN 3-931292-01-0

Band 2: Findbuch des Bestandes Abt. 400.5: Von der Universitätsbibliothek Kiel übernommene Handschriften, von Wolfgang Prange. 1975. IV, 84 Seiten. ISBN 3-931292-02-9

Band 3: Findbuch des Bestandes Abt. 320 Eckernförde: Kreis Eckernförde, von Hans Wilhelm Schwarz. 1976. VIII, 89 Seiten. Vergriffen. Neuauflage siehe Band 44. ISBN 3-931292-03-7

Bände 4 und 5: Findbuch des Bestandes Abt. 7: Herzöge von Schleswig-Holstein-Gottorf 1544–1713. 1. und 2. Band, von Kurt Hector. 1977. XVI, XII, 852 Seiten. Nur zusammen zu beziehen. Auf die Nachträge und Indices, die als Band 11 erschienen sind, wird ausdrücklich verwiesen. ISBN 3-931292-04-5

Band 6: Findbuch des Bestandes Abt. 320 Eiderstedt: Kreis Eiderstedt 1867–1950, von Reimer Witt. 1978. VIII, 144 Seiten. Vergriffen. Neuauflage siehe Band 62. ISBN 3-931292-06-1

Band 7: Findbuch des Bestandes Abt. 218: Lauenburgisches Konsistorium zu Ratzeburg, von Wolfgang Prange. 1979. V, 148 Seiten. ISBN 3-931292-07-X

Band 8: Findbuch des Bestandes Abt. 320 Steinburg: Kreis Steinburg, von Robert Knull und Dagmar Unverhau. 1980. XVI, 215 Seiten. Seiten. Vergriffen. Neuauflage in Vorbereitung. ISBN 3-931292-08-8

Band 9: Findbuch des Bestandes Abt. 65.1: Deutsche Kanzlei zu Kopenhagen bis 1730, von Konrad Wenn. 1981. VII, 171 Seiten. Vergriffen. ISBN 3-931292-09-6

Band 10: Findbuch des Bestandes Abt. 107: Ämter Cismar und Oldenburg, von Wolfgang Prange. 1982. VIII, 73 Seiten. Vergriffen. ISBN 3-931292-10-X

Band 11: Findbuch des Bestandes Abt. 7: Herzöge von Schleswig-Holstein-Gottorf 1544–1713. 3. Band, von Kurt Hector und Heinrich Frhr. von Hoyningen gen. Huene. 1983. Enthält Nachträge und Indices zu Band 4 und 5. XXIV, 422 Seiten. ISBN 3-931292-11-8

Band 12: Findbuch der Bestände Abt. 231, 232, 233 und 234: Ämter Lauenburg, Ratzeburg, Schwarzenbek und Steinhorst, von Wolfgang Prange und Konrad Wenn. 1984. XVII, 358 Seiten. ISBN 3-931292-12-6

Band 13: Findbuch des Bestandes Abt. 210: Lauenburgische Regierung zu Ratzeburg, von Wolfgang Prange und Konrad Wenn. 1985. XVII, 597 Seiten. ISBN 3-931292-13-4

Band 14: Findbuch des Bestandes Abt. 320 Segeberg: Kreis Segeberg, von Robert Knull und Dagmar Unverhau. 1985. XVIII, 140 Seiten. ISBN 3-931292-14-2

Band 15: Findbuch des Bestandes Abt. 320 Plön: Kreis Plön, von Hartmut Haase und Hans Wilhelm Schwarz. 1986. VIII, 262 Seiten. ISBN 3-931292-15-0

Bände 16 und 17: Findbuch der Reichskammergerichtsakten (Abt. 390 und andere), von Hans-Konrad Stein-Stegemann. 1986. 2 Bände: Titelaufnahmen und Indices. XIX, 734 Seiten. Nur zusammen zu beziehen. ISBN 3-931292-16-9

Bände 18 und 19: Findbuch der Reichskammergerichtsakten im Archiv der Hansestadt Lübeck, von Hans-Konrad Stein-Stegemann. 1987. 2 Bände: Titelaufnahmen und Indices. XXI, 1067 Seiten. Nur zusammen zu beziehen. ISBN 3-931292-18-5

Band 20: Schleswig-Holsteinische Archivtage 1985–1987 – Ansprachen und Vorträge –. Hrsg. von Angelika Menne-Haritz. 1987. 140 Seiten. ISBN 3-931292-20-7

Band 21: Schleswig-Holsteinische Regesten und Urkunden. Band 9: Herrschaft Breitenburg 1256–1598. Bearb. von Kurt Hector und Wolfgang Prange. Neumünster 1988. XI, 657 Seiten. Nur im Buchhandel erhältlich. ISBN 3-931292-21-5

Band 22: Landschaft und Siedlung im Wandel. Alte Flurkarten aus Schleswig-Holstein, Erdbücher, Urkunden, Vermessungsinstrumente. Eine Ausstellung im Landesarchiv Schleswig-Holstein 1989/1990, von Susanna Misgajski. 1989. 64 Seiten. ISBN 3-931292-22-3

Band 23: Schleswig-Holsteinische Regesten und Urkunden. Band 10: Kloster Ahrensbök 1328–1565. Bearb. von Wolfgang Prange. Neumünster 1989. 455 Seiten. Nur im Buchhandel erhältlich. ISBN 3-931292-23-1

Band 24: Findbuch des Bestandes Abt. 8.1: Schleswig-Holstein-Gottorfisches (Großfürstliches) Geheimes Regierungs-Conseil zu Kiel 1720–1773, von Wolfgang Prange und Konrad Wenn. 1989. X, 258 Seiten. ISBN 3-931292-24-X

Band 25: Findbuch des Bestandes Abt. 8.2: Schleswig-Holstein-Gottorfische (Großfürstliche) Rentekammer zu Kiel 1720–1778, von Wolfgang Prange. 1990. IX, 207 Seiten. ISBN 3-931292-25-8

Band 26: Schleswig-Holsteinische Regesten und Urkunden. Band 11: Die Protokolle des Lübecker Domkapitels 1535–1540. Bearb. von Wolfgang Prange. Neumünster 1990. 330 Seiten. Nur im Buchhandel erhältlich. ISBN 3-931292-26-6

Band 27: Durchs Objektiv gesehen. Aspekte der Filmgeschichte in Schleswig-Holstein. Eine Ausstellung im Landesarchiv Schleswig-Holstein 1992/1993, von Jutta Matz. 1992. 59 Seiten. ISBN 3-931292-27-4

Band 28: Historisches Ortsnamenlexikon von Schleswig-Holstein, von Wolfgang Laur. 2., völlig veränderte und erweiterte Auflage. Neumünster 1992. 755 Seiten. Vergriffen. ISBN 3-931292-28-2

Band 29: Findbuch der Bestände Abt. 216 und 217: Lauenburgische Gerichte, von Wolfgang Prange. Neumünster 1992. 149 Seiten. ISBN 3-931292-29-0

Band 30: Schleswig-Holsteinische Regesten und Urkunden. Band 12: Die Protokolle des Lübecker Domkapitels 1522–1530. Bearb. von Wolfgang Prange. Neumünster 1992. 874 Seiten. Nur im Buchhandel erhältlich. ISBN 3-931292-30-4

Bände 31 bis 33: Findbuch des Bestandes Abt. 66: Rentekammer zu Kopenhagen, Schleswig-Holsteinische Kammer auf Gottorf, General-Landwesens-Kollegium, Steuerkommissionen, von Wolfgang Prange und Konrad Wenn. 1993. 3 Bände. 1078 Seiten. Nur zusammen zu beziehen. ISBN 3-931292-31-2

Band 34: Findbuch des Bestandes Abt. 320 Bordesholm: Kreis Bordesholm 1867– 1932, von Veronika Eisermann und Hans Wilhelm Schwarz. 1993. V, 79 Seiten. ISBN 3-931292-34-7

Band 35: Urkundenbuch des Bisthums Lübeck. Teil 1. Hrsg. von Wilhelm Leverkus. Neudruck der Ausgabe von 1856. Neumünster 1994. XXX, 901 Seiten. Nur im Buchhandel erhältlich. ISBN 3-931292-35-5

Band 36: Schleswig-Holsteinische Regesten und Urkunden. Band 13: Urkundenbuch des Bistums Lübeck. Band 2: Urkunden 1220–1439. Bearb. von Wolfgang Prange. Neumünster 1994. XIV, 656 Seiten. ISBN 3-931292-36-3

Band 37: Schleswig-Holsteinische Regesten und Urkunden. Band 8: Kloster Itzehoe 1256–1564. Bearb. von Hans Harald Hennings. Neumünster 1993. XIV, 569 Seiten. ISBN 3-931292-37-1

Band 38: Schienen zum Fortschritt. 150 Jahre Eisenbahn in Schleswig-Holstein. Ausstellungen zum Jubiläum der Eisenbahn in Schleswig-Holstein, von Christian Küster, Susanna Misgajski, Manfred Schulz und Günther Ungerbieler. 1994. 113 Seiten. Vergriffen. ISBN 3-931292-38-X

Band 39: „Der Stand der Frauen, wahrlich, ist ein harter Stand". Frauenleben im Spiegel der Landesgeschichte. Hrsg. von Elke Imberger. 1994. 231 Seiten. ISBN 3-931292-39-8

Band 40: Schleswig-Holsteins Lied und Farben im Wandel der Zeiten. Vorträge und Diskussionen eines wissenschaftlichen Symposiums: „150 Jahre Schleswig-Holstein-Lied". Hrsg. vom Schleswig-Holsteinischen Heimatbund und dem Landesarchiv Schleswig-Holstein. 1995. 112 Seiten. ISBN 3-931292-40-1

Band 41: Der 8. Mai als politische Zäsur. Ansprachen und Vorträge zum Symposium „Ende und Anfang im Mai 1945" in der Marineschule Mürwik am 17. Mai 1995 (Landeszentrale für Politische Bildung. Labskaus 4). 41 Seiten. ISBN 3-931292-41-X

Band 42: Der Kaiser, der Kanal und die Kinematographie. Begleitheft zur Ausstellung im Landesarchiv Schleswig-Holstein: Birt Acres – 100 Jahre Film in Schleswig-Holstein, von Hauke Lange-Fuchs. 1995. 71 Seiten. ISBN 3-931292-42-8

Band 43: Archive in Schleswig-Holstein. Bearb. von Veronika Eisermann und Hans Wilhelm Schwarz. 1996. 115 Seiten. ISBN 3-931292-43-6

Band 44: Findbuch des Bestandes Abt. 320.3: Kreis Eckernförde 1867–1950, von Veronika Eisermann und Hans Wilhelm Schwarz. 1996. 2., wesentlich erweiterte Auflage. 1996. VIII, 290 Seiten. ISBN 3-931292-44-4

Band 45: Schleswig-Holsteinische Regesten und Urkunden. Band 14: Urkundenbuch des Bistums Lübeck. Band 3: Urkunden 1439–1509. Bearb. von Wolfgang Prange. Neumünster 1995. 806 Seiten. ISBN 3-931292-45-2

Band 46: Schleswig-Holsteinische Regesten und Urkunden. Band 15: Urkundenbuch des Bistums Lübeck. Band 4: Urkunden 1510–1530 und andere Texte. Bearb. von Wolfgang Prange. Neumünster 1996. 840 Seiten. ISBN 3-931292-46-0

Band 47: Landgraf Carl von Hessen 1744–1836. Statthalter in den Herzogtümern Schleswig und Holstein. Eine Ausstellung im Landesarchiv Schleswig-Holstein, von Jens Ahlers, Jürgen Ostwald, Reimer Witt und Heyo Wulf. Neumünster 1996. 215 Seiten. Vergriffen. ISBN 3-931292-47-9

Band 48: Findbuch des Bestandes Abt. 320.9: Kreis Husum 1867–1950, von Marion Dernehl und Reimer Witt. 1997. VII, 119 Seiten. ISBN 3-931292-48-7

Band 49: Die Wappen der Kreise, Ämter, Städte und Gemeinden in Schleswig-Holstein. Bearb. von Martin Reißmann unter Mitwirkung von Uta Hess, Jutta Matz und Hans Wilhelm Schwarz. Husum 1997. 415 Seiten. Vergriffen. ISBN 3-931292-49-5

Bände 50 bis 53: Findbuch des Bestandes Abt. 260: Regierung des Bistums, Fürstentums, Landesteils Lübeck zu Eutin, von Gertrud Nordmann, Wolfgang Prange und Konrad Wenn. 1997. 4 Bände. 1896 Seiten. Nur zusammen zu beziehen. ISBN 3-931292-50-9

Band 54: Die Anfänge des Landes Schleswig-Holstein. Vier Vorträge aus Anlaß des 50jährigen Landesjubiläums. Hrsg. vom Schleswig-Holsteinischen Heimatbund und dem Landesarchiv Schleswig-Holstein. 1997. 103 Seiten mit 10 Abb. ISBN 3-931292-51-7

Band 55: Landgraf Carl von Hessen 1744–1836. Vorträge zu einer Ausstellung. Hrsg. von Reimer Witt und Heyo Wulf. 1997. 163 Seiten. Vergriffen. ISBN 3-931292-52-5

Band 56: Der Hesterberg. 125 Jahre Kinder- und Jugendpsychiatrie und Heilpädagogik in Schleswig. Eine Ausstellung im Landesarchiv Schleswig-Holstein, von Susanna Misgajski. 1997. 157 Seiten. ISBN 3-931292-53-3

Band 57: Die Gottorfer auf dem Weg zum Zarenthron. Russisch-gottorfische Verbindungen im 18. Jahrhundert. Katalog zur Ausstellung im Landesarchiv Schleswig-Holstein, von Michail Lukitschev und Reimer Witt, unter Mitwirkung von Svetlana Dolgova, Jutta Matz, Marina Osekina und Sven Schoen. 1997. 203 Seiten. Vergriffen. ISBN 3-931292-54-1

Band 58: Schleswig-Holsteinische Regesten und Urkunden. Band 16: Urkundenbuch des Bistums Lübeck. Band 5: Siegelzeichnungen, Überlieferung, Indices. Bearb. von Wolfgang Prange. Neumünster 1997. 363 Seiten. ISBN 3-931292-32-0

Band 59: Schleswig-Holsteinische Beamte 1816–1848, von Gertrud Nordmann. 1997. VII, 445 Seiten. ISBN 3-931292-56-8

Band 60: Findbuch des Bestandes Abt. 170: Landschaft Stapelholm 1699–1867 (– 1925), von Marion Dernehl. 1998. V, 52 Seiten. ISBN 3-931292-17-7

Band 61: Findbuch des Bestandes Kreis Herzogtum Lauenburg (Ratzeburg) 1876–1950, von Cordula Bornefeld und Hartmut Haase. 2001. 2 Bände. XIII, VII, 687 Seiten. ISBN 3-931292-33-9

Band 62: Findbuch des Bestandes Abt. 320.4: Kreis Eiderstedt 1867–1950. Neu bearb. von Marion Dernehl und Reimer Witt. 2., erweiterte Auflage. 1998. IX, 167 Seiten. ISBN 3-931292-19-3

Band 63: Die Staatsgrundgesetze 1848/49 in Schleswig-Holstein und Lauenburg: Reprint zeitgenössischer Drucktexte. Hrsg. vom Verein zur Förderung des Landesarchivs Schleswig-Holstein e. V. 1998. 63 Seiten. ISBN 3-931292-55-X

Band 64: Heinrich Rantzau (1526–1598) – Statthalter in Schleswig und Holstein. Ein Humanist beschreibt sein Land. Katalog zur Ausstellung im Landesarchiv Schleswig-Holstein. Landesbeschreibung – Aufsätze – Katalog. Hrsg. von Marion Bejschowetz-Iserhoht, Hans Braunschweig, Reimer Witt und Heyo Wulf. 1999. 346 Seiten. ISBN 3-931292-57-6

Band 65: Findbuch der Bestände: Tønder kreds/Kreis Tondern 1867–1920 und/og Kreis Südtondern/Sydtønder kreds 1920–1950 i/im Landsarkivet for Sønderjylland und/og Landesarchiv Schleswig-Holstein. Redaktion Bettina Reichert und Hans Schultz Hansen. 1999. XIII, 353 Seiten. ISBN 3-931292-58-4

Band 66: Staatsgrundgesetze 1848/49 in Schleswig-Holstein und Lauenburg. Katalog zur Ausstellung im Haus Mecklenburg, Ratzeburg, 11. Mai bis 7. November 1999, von Hans Wilhelm Schwarz. 1999. 104 Seiten. ISBN 3-931292-61-4

Band 67: Findbuch des Bestandes Abt. 20: Herzöge von Schleswig-Holstein-Sonderburg-Plön, von Wolfgang Prange und Konrad Wenn. 1999. XVIII, 221 Seiten. ISBN 3-931292-62-2

Band 68: Findbuch des Bestandes Abt. 2002: Landesfilmarchiv, von Dirk Jachomowski. 1999. XVI, 258 Seiten mit 70 Abb. ISBN 3-931292-59-2

Band 69: Gilden in Schleswig-Holstein. Vorträge zur Ausstellung im Landesarchiv Schleswig-Holstein. Hrsg. von Marion Bejschowetz-Iserhoht, Reimer Witt und Heyo Wulf. 2000. 171 Seiten mit 17 Abb. ISBN 3-931292-63-0

Band 70: Findbuch Helgoländer Bestände: Abt. 174 Landschaft und britische Kronkolonie Helgoland, Abt. 131 Landgemeinde Helgoland, Abt. 320.22 Inselkreis Helgoland, von Malte Bischoff und Robert Knull. 2003. 70 Seiten. ISBN 3-931292-60-6

Band 71: Wappen – Zwischen Tradition und Fortschritt. Begleitheft zur Ausstellung im Landesarchiv Schleswig-Holstein, von Martin Reißmann. 2000. 33 Seiten mit 24 Abb. ISBN 3-931292-65-7

Band 72: Findbuch des Bestandes Abt. 3: Grafschaft Holstein-Schauenburg-Pinneberg. Bearb. von Malte Bischoff und Lars E. Worgull. 2002. 89 Seiten. ISBN 3-931292-66-5

Band 73: Findbuch der Bestände Tønder amt til 1867/Amt Tondern bis 1867 i/im Landsarkivet for Sønderjylland og/und Landesarchiv Schleswig-Holstein. Bettina Reichert und Jesper Thomassen. 2001. XXX, 377 Seiten. ISBN 3-931292-67-3

Band 74: Im Spannungsfeld zwischen Regional- und Landesgeschichte. Vorträge eines Regionalsymposiums im Landesarchiv Schleswig-Holstein. Hrsg. von Reimer Witt. 2003. 116 Seiten. ISBN 3-931292-64-9

Band 75: Von Gottesfurcht und Kirchenzucht. Aspekte kirchlichen Lebens in Schleswig-Holstein im 17. Jahrhundert. Katalog zur Ausstellung im Landesarchiv Schleswig-Holstein. Hrsg. von Marion Bejschowetz-Iserhoht, Malte Bischoff und Reimer Witt. 2001. 71 Seiten mit 38 Abb. ISBN 3-931292-68-1

Band 76: Beiträge zur schleswig-holsteinischen Geschichte. Ausgewählte Aufsätze, von Wolfgang Prange. Neumünster 2002. XIV, 610 Seiten. ISBN 3-529-02212-8

Band 77: Archivalien zur Geschichte Schleswig-Holsteins im Niedersächsischen Staatsarchiv in Stade, von Robert Gahde. 2002. 91 Seiten. ISBN 3-931292-69-X

Band 78: Kirchliches Leben in Schleswig-Holstein im 17. Jahrhundert. Vorträge zu einer Ausstellung im Landesarchiv Schleswig-Holstein. Hrsg. von Marion Bejschowetz-Iserhoht und Reimer Witt. 2003. 215 Seiten. ISBN 3-931292-71-1

Band 79: Nicht erschienen.

Band 80: Schleswig-Holstein und die Niederlande – Aspekte einer historischen Verbundenheit. Katalog zur Ausstellung im Landesarchiv Schleswig-Holstein. Hrsg. von Ernst Joachim Fürsen und Reimer Witt. 2003. 183 Seiten. ISBN 3-931292-72-X

Band 81: Findbuch des Bestandes Abt. 320.12: Kreis Pinneberg, von Robert Knull. 2003. IX, 127 Seiten. ISBN 3-931292-73-8

Band 82: Das dritte Elbherzogtum. Der Kreis Herzogtum Lauenburg und seine Geschichte. Eine Ausstellung des Landesarchivs Schleswig-Holstein und des Kreises Herzogtum Lauenburg, von Eckardt Opitz und Martin Knauer. 2003. [34] Bl. Vergriffen. ISBN 3-931292-74-6

Band 83: Von ehrbaren Handwerkern und Böhnhasen – Handwerksämter in Schleswig-Holstein. Katalog zur Ausstellung im Landesarchiv Schleswig-Holstein. Hrsg. von Marion Bejschowetz-Iserhoht und Reimer Witt. 2004. 76 Seiten mit 36 Abb. ISBN 3-931292-75-4

Band 84: Findbuch des Bestandes Abt. 320.11: Kreis Oldenburg 1867–1950. Bearb. von Veronika Eisermann. 2004. VI, 46 Seiten. ISBN 3-931292-76-2

Band 85: Findbuch des Bestandes Abt. 314: Oberversicherungsamt, von Wulf Pingel. 2005. V, 51 Seiten. ISBN 3-931292-77-0

Band 86: Belli Dithmarsici vera descriptio – Wahre Beschreibung des Dithmarscher Krieges, von Heinrich Rantzau (Christianus Cilicius Cimber). Edition, Einleitung und Übersetzung von Fritz Felgentreu. 2009. 252 Seiten mit 12 Abb. ISBN 978-3-931292-78-2

Band 87: Findbuch des Bestandes Abt. 301: Oberpräsidium und Provinzialrat der Provinz Schleswig-Holstein, von Elke Imberger. 2005. 584 Seiten. ISBN 3-931292-79-7

Band 88: Findbuch des Bestandes Abt. 111: Ämter Reinbek, Trittau, Tremsbüttel, von Dirk Jachomowski und Wulf Pingel. 2006. XXVIII, 576 Seiten. ISBN 3-931292-80-0

Band 89: Das Landesarchiv Schleswig-Holstein. Eine Betrachtung aus archivtechnischer Sicht, von Roland Lucht. 2., komplett überarbeitete Auflage. 2014. 95 Seiten mit 22 Abb. ISBN 978-3-943423-11-2

Band 90: Findbuch des Bestandes Abt. 47: Christian-Albrechts-Universität Kiel. Teil 1: 1665–1945, von Georg Asmussen. 2007. VI, 185 Seiten. ISBN 978-3-937816-43-2

Band 91: Findbuch des Bestandes Abt. 47.1: Kuratorium der Christian-Albrechts-Universität, von Georg Asmussen. 2007. VIII, 61 Seiten. ISBN 978-3-937816-44-9

Band 92: 99 Silbermünzen. Der Haselauer Münzfund aus der Zeit des Dreißigjährigen Krieges. Katalog zur Ausstellung im Landesarchiv Schleswig-Holstein. Hrsg. von Marion Bejschowetz-Iserhoht und Rainer Hering. 2008. 215 Seiten mit 151 Abb. ISBN 978-3-931292-82-9

Band 93: Die Ordnung der Natur. Historische Gärten und Parks in Schleswig-Holstein. Katalog zur Ausstellung des Landesarchivs Schleswig-Holstein in Zusammenarbeit mit dem Archiv für Architektur und Ingenieurbaukunst. Hrsg. von Marion Bejschowetz-Iserhoht und Rainer Hering. 2008. 215 Seiten mit 121 Abb. ISBN 978-3-931292-83-6

Band 94: Findbuch des Bestandes Abt. 79: Ministerium für das Herzogtum Schleswig zu Kopenhagen 1851–1864, von Jörg Rathjen. 2008. XI, 121 Seiten. ISBN 978-3-937816-48-7

Band 95: Archive zwischen Konflikt und Kooperation/Arkiver mellem konflikt og samarbejde. 75 Jahre deutsch-dänisches Archivabkommen von 1933/75 år dansk-tysk arkivoverenskomst af 1933. Hrsg. von/udgivet af Rainer Hering, Johan Peter Noack, Steen Ousager und/og Hans Schultz Hansen (Landesarchiv Schleswig-Holstein/Statens Arkiver i Danmark). 2008. 159 Seiten mit 1 Abb. ISBN 978-3-937816-59-3

Band 96: Die Ordnung der Natur. Vorträge zu historischen Gärten und Parks in Schleswig-Holstein. Hrsg. von Rainer Hering. 2009. 271 Seiten mit 119 Abb. ISBN 978-3-937816-65-4

Band 97: Findbuch der Bestände Abt. 80 und 56: Ministerium für die Herzogtümer Holstein und Lauenburg zu Kopenhagen 1852–1864 sowie Holsteinische Regierung zu Kopenhagen bzw. Plön 1862–1864, von Jörg Rathjen. 2010. XXII, 620 Seiten. ISBN 978-3-937816-66-1

Band 98: Findbuch des Bestandes Abt. 109: Ämter Reinfeld, Rethwisch, Traventhal, von Wulf Pingel. 2010. VII, 116 Seiten. ISBN 978-3-937816-77-1

Band 99: Findbuch der Bestände Abt. 51 bis Abt. 55: Regierungen der Herzogtümer während der Erhebung 1848–1851, Dänische Immediatkommission zur gemeinsamen Regierung der Herzogtümer in Sonderburg 1848–1849, Landesverwaltung für das Herzogtum Schleswig 1849–1851 und Dänischer Regierungskommissar 1850–1851, Oberste Zivilbehörde für das Herzogtum Holstein in Kiel 1851–1852 sowie Militärische Behörden der Erhebungszeit 1848–1851, von Jörg Rathjen. 2010. XV, 606 Seiten. ISBN 978-3-937816-78-4

Band 100: Archivführer Schleswig-Holstein. Archive und ihre Bestände. Hrsg. vom Landesarchiv Schleswig-Holstein, dem Verband schleswig-holsteinischer Kommunalarchivarinnen und -archivare e. V. (VKA) und dem Nordelbischen Kirchenarchiv. 2011. 504 Seiten mit zahlreichen Abb. ISBN 978-3-937816-83-8

Band 101: Das Gedächtnis unseres Landes. Archive in Schleswig-Holstein. Begleitschrift zur Ausstellung. Hrsg. von Manfred von Essen, Rainer Hering, Anke Rannegger und Johannes Rosenplänter. 2011. 50 Seiten mit zahlreichen farb. Abb. ISBN 978-3-931292-85-0

Band 102: Findbuch des Bestandes Abt. 22: Herzöge von Schleswig-Holstein-Sonderburg-Augustenburg, von Jörg Rathjen. 2012. X, 213 Seiten. ISBN 978-3-937816-89-0

Band 103: Findbuch der Bestände Abt. 57 bis Abt. 62: Bundeskommissare für die Herzogtümer Holstein und Lauenburg 1863–1864, Österreichisch-preußische Oberste Zivilbehörde für das Herzogtum Schleswig 1864, Österreichisch-preußische Oberste Zivilbehörde für die Herzogtümer Schleswig, Holstein und Lauenburg 1864–1865, Österreichischer Statthalter für das Herzogtum Holstein, Preußischer Gouverneur für das Herzogtum Schleswig, Oberpräsident für die Herzogtümer Schleswig und Holstein (von Scheel-Plessen) in Kiel, Holsteinische Landesregierung in Kiel 1864–1866, Schleswig-Holsteinische Landesregierung in Schleswig 1865, Schleswigsche Regierung zu Schleswig 1865–1868, Zivilverwaltung/Regierung für Holstein 1866–1868, von Jörg Rathjen. 2012. XIII, 262 Seiten. ISBN 978-3-937816-90-6

Band 104: Wie mächtig sind Archive? Perspektiven der Archivwissenschaft. Hrsg. von Rainer Hering und Dietmar Schenk. 2013. 204 Seiten mit 18 Abb. s/w. ISBN 978-3-943423-03-7

Band 105: Prinz Heinrich von Preußen. Großadmiral, Kaiserbruder, Technikpionier. Hrsg. von Rainer Hering und Christina Schmidt. 2013. 256 Seiten mit zahlreichen Abb. ISBN 978-3-529-06100-4

Band 106: Findbuch der Bestände Abt. 18 und Abt. 19: Generalsuperintendent für Schleswig und Generalsuperintendent für Holstein, von Jörg Rathjen. 2016. 174 Seiten. ISBN 978-3-943423-14-3

Die Ausstellungskataloge sowie vor Band 89 erschienene Werke sind direkt über das Landesarchiv zu beziehen. Die Preise dieser Bände beinhalten die Versandkosten.

Landesarchiv Schleswig-Holstein
Prinzenpalais
24837 Schleswig
Telefon 04621 8618-00
Fax 04621 1618-01
landesarchiv@la.landsh.de
www.landesarchiv.schleswig-holstein.de

Ab Band 89 stehen die Bände, die bei Hamburg University Press veröffentlicht werden (ISSN 1864-9912), zum kostenlosen Lesen und Herunterladen sowie als hochwertige Printversion zur Verfügung. Die Printversion kann über den Buchhandel oder direkt beim Verlag bezogen werden:

Hamburg University Press
Verlag der Staats- und Universitätsbibliothek Hamburg Carl von Ossietzky
Von-Melle-Park 3
20146 Hamburg
Telefon 040 42838-7146
Fax 040 42838-3352
order.hup@sub.uni-hamburg.de
hup.sub.uni-hamburg.de